Best Time

白 马 时 光

图书在版编目（CIP）数据

1分钟经济学知识 / 何青绫著. — 南昌：百花洲文艺出版社，2023.4
ISBN 978-7-5500-4842-3

Ⅰ.①1… Ⅱ.①何… Ⅲ.①经济学—基本知识 Ⅳ.①F0

中国版本图书馆CIP数据核字（2022）第224531号

1分钟经济学知识
1 FENZHONG JINGJIXUE ZHISHI

何青绫　著

出 版 人	陈　波
出 品 人	李国靖
责任编辑	周振明
特约策划	王云婷　大　俊
特约编辑	大　俊
插画绘制	余　迟　麻　团
封面设计	陈　飞
版式设计	陈　飞
出版发行	百花洲文艺出版社
社　　址	南昌市红谷滩区世贸路898号博能中心Ⅰ期A座20楼
邮　　编	330038
经　　销	全国新华书店
印　　刷	天津融正印刷有限公司
开　　本	880mm×1230mm　1/32
印　　张	8.5
字　　数	225千字
版　　次	2023年4月第1版
印　　次	2023年4月第1次印刷
书　　号	978-7-5500-4842-3
定　　价	55.00元

赣版权登字：05-2022-244
版权所有，侵权必究
发行电话　0791-86895108　　　网　址　http://www.bhzwy.com
图书若有印装错误，影响阅读，可向承印厂联系调换。

目录 /Contents

趣解名词

1	什么是市值管理	002
2	什么是指数 ETF	004
3	什么是影子银行	006
4	什么是融资租赁	008
5	什么是种子轮融资	010
6	什么是北上资金	012
7	什么是基本面 （此处仅指股票行业）	014
8	什么是资本公积 （此处仅作为财务管理相关探讨）	016
9	什么是要约收购	018
10	什么是 DIF	020
11	什么是顶背离	022
12	什么是费雪效应	023
13	什么是 PER	024
14	什么是期货	025
15	什么是做空	026
16	什么是 MLF	027
17	什么是 GP 和 LP	029
18	什么是 KDJ	030
19	什么是负利率	032
20	什么是回拨机制	034
21	什么是老鼠仓	036
22	什么是对敲	037
23	什么是 RSI （此处仅讨论股票领域名词）	039
24	什么是 PE	041
25	什么是 T+0	042
26	什么是做 T	043
27	什么是基金里的贝塔值（β）	044
28	什么是 ABS	046
29	什么是 MM 制	047
30	什么是 CDS	048

I

31	什么是价值投资	050
32	什么是基金定投	052
33	什么是阿尔法（α）收益	054
34	什么是场内基金	055
35	什么是FOF基金	057
36	什么是指数基金	058
37	什么是外汇储备	059
38	什么是杠杆	061
39	什么是可转债	062
40	什么是债转股	063
41	什么是送转股	064
42	什么是干股	066
43	什么是IPO	067
44	什么是代持股份	069
45	什么是券商	071
46	什么是P/B	073
47	什么是CDR	074
48	什么是ROE	076
49	什么是打新股	077
50	什么是PS	078

51	什么是纸黄金	080
52	什么是炒外汇	082
53	什么是洗盘	083
54	什么是爆仓	084
55	什么是商业保理	086
56	什么是摊余成本	088
57	什么是爬行条款	090
58	什么是期权（此处为投资品类期权）	092
59	什么是背书	093
60	什么是换手率	094
61	什么是盈余公积	096
62	什么是暗盘	098
63	什么是侧袋机制	099
64	什么是净值型产品	101
65	什么是基金募集期	103
66	什么是逆回购	105
67	什么是定向增发	106
68	什么是印花税	107
69	什么是除权	108
70	什么是不良资产	109

II

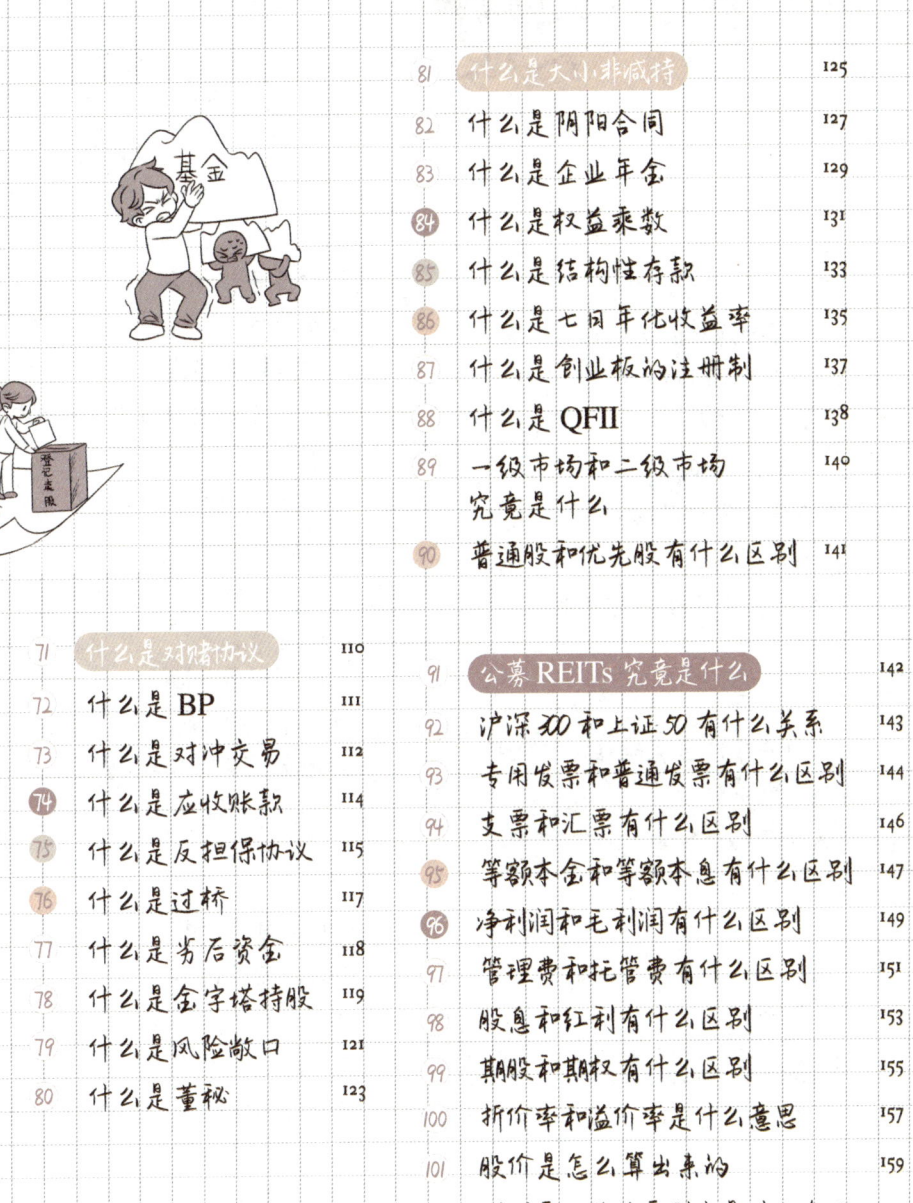

81	什么是大小非减持	125
82	什么是阴阳合同	127
83	什么是企业年金	129
84	什么是权益乘数	131
85	什么是结构性存款	133
86	什么是七日年化收益率	135
87	什么是创业板的注册制	137
88	什么是 QFII	138
89	一级市场和二级市场究竟是什么	140
90	普通股和优先股有什么区别	141

71	什么是对赌协议	110
72	什么是 BP	111
73	什么是对冲交易	112
74	什么是应收账款	114
75	什么是反担保协议	115
76	什么是过桥	117
77	什么是劣后资金	118
78	什么是金字塔持股	119
79	什么是风险敞口	121
80	什么是董秘	123

91	公募 REITs 究竟是什么	142
92	沪深300和上证50有什么关系	143
93	专用发票和普通发票有什么区别	144
94	支票和汇票有什么区别	146
95	等额本金和等额本息有什么区别	147
96	净利润和毛利润有什么区别	149
97	管理费和托管费有什么区别	151
98	股息和红利有什么区别	153
99	期股和期权有什么区别	155
100	折价率和溢价率是什么意思	157
101	股价是怎么算出来的	159
102	猫猫币、狗狗币到底是什么东西	162

III

日常杂谈
房地产

1	什么是公摊面积	166
2	农村的房子能买吗	168
3	租房子的时候要小心什么	170
4	什么是公租房	172
5	回迁房值得买吗	174
6	"多校划片"以后学区房会不会彻底凉凉	175
7	假如房贷没还完的话，房子能卖吗	176
8	夫妻中的一人能偷偷卖房子吗	177
9	什么叫网签	178
10	租房子住和买居住权，哪个更划算	180
11	买房有"喝茶费"吗	181
12	什么叫商住房（非混合）	183
13	假如房子供不起了，会怎么样	185
14	法拍房能不能买	187
15	为什么有的房子买了四五年还没办房产证	189
16	假如买到烂尾楼了，应该怎么办	191
17	什么叫他证	193
18	老宅过手，怎样操作更划算	195
19	卖继承的房子需要交 20% 的个税吗	198
20	公积金有什么用	200
21	结婚以后买的房子，一定是夫妻共有的吗	201
22	提前还房贷到底好不好	203
23	老人的小保姆也能继承他的房子吗	205
24	买房子是用商业贷款好，还是走公积金贷款好	208

#	标题	页码
1	什么是劳动仲裁	212
2	什么是新农合	214
3	什么是劳务派遣	216
4	什么是善意取得	218
5	什么是花征信	220
6	假如没工作了，可以自己交社保吗	222
7	彩礼和嫁妆的归属与男方有关吗	224
8	年终奖和十三薪，哪个比较划算	226
9	为什么有些二手车不能过户	228
10	不同银行的特色	230
11	夫妻共同债务	232
12	男人能拿生育险补贴吗	235
13	医保能给家里人用吗	237
14	养老金会不会不够用	239
15	竞业协议是怎么回事	241
16	加班加到脑出血，能算工伤吗	243
17	为什么有些公司只肯和员工签劳务合同	245
18	为什么账面亏损的公司依然有人不断投资	247
19	继承公司家产需要注意什么	248
20	开公司的线下办理流程	249

#	标题	页码
21	股权稀释	251
22	为什么有的老板喜欢用公司的名义买车	253
23	为什么有的单位喜欢用现金来发工资	255
24	为什么人事每个月都要我交1000元的发票啊	257
25	为什么好多国内公司都有一堆国外的母公司	259
26	一家公司里，董事长一定是最牛的吗	261
27	为什么有钱人喜欢去国外买信托	262
28	慈善公司是靠什么赚钱的	263

日常杂谈
生活

V

什么是市值管理

什么是种子轮融资

什么是影子银行

什么是资本公积

什么是复利率

趣解名词

1. 什么是市值管理

老婆，什么是市值管理啊？

我给你举个例子吧，假如我是个卖面包的，那把我的面包店放到市场上去卖，能卖多少钱，我的面包店的市值就是多少。

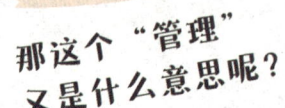

那这个"管理"又是什么意思呢？

"管理"就是一些能让面包卖得更贵的"小技巧"，这里头门道可就多了。

初级一点儿的，就是先研究出一款与众不同的新产品，无论是"比脸还大"也好，还是"口水鸡馅儿"也罢，好不好吃先不论，总之要与众不同，这样才能把5元的原料卖到50元的价格。

再通过宣传手段营造出门庭若市的感觉。因为只有这样，才能打造出网红面包的概念，才会有闻风而来的创业者申请加盟。加盟店一多，这个面包品牌的市值就会呈指数级上涨。毕竟加盟费、培训费、材料费，已经是笔可观的收入了。

高级一些的，就收购一家香港上市的空壳公司，把面包店塞到壳子里去，再请上一些中介把这个壳子的股票塞到基金经理和某某老师的手上。然后有钱的出钱，没钱的造势，总之要把这只票子从1元拉到100元。

基民和股民就这样抬起了轿子，硬扛面包店大跌的风险。

这也是一种市值管理，懂了啵？

2. 什么是指数 ETF

老婆，
什么是指数 ETF 啊？

　　举个例子，我寻思着马上要过年了，如果批发酒水饮料的话说不定能赚一笔钱。但我现在工作忙啊，没时间去研究大家喜欢喝什么。而且，就算在同一时间段里，不同酒水和饮料的价格涨跌也是参差不齐的。

　　那我该怎么在偷懒的情况下吃到酒水的这一拨肉呢？

　　很简单——

　　我去找几个土豪朋友，把市面上热销的 50 种酒水饮料全买一遍。这一车子酒水饮料，就叫作 "青绫酒水 ETF（Exchange Traded Fund，交易型开放式指数基金）"。到时候，只要酒水的大行情是涨的，我就能赚到钱。

　　这个时候，如果隔壁老王也想来插一脚，那我会给他提供两种方案。

　　第一种叫**申赎**，也就是给我补货。我把这 50 种酒水饮料的名单给他，他得给我按照权重把酒水配齐了，再拿

趣解名词

004 / 005

过来补仓。否则，我就只挑我缺的，其他一概不要。等到结算的时候，我再按照当时拿货的比例还他相应的酒水。一般来说，只要我运作得好，盘子肯定是越做越大，到时候他多分个一箱两箱的也很合理。

第二种方案呢，叫作现金买卖。假如老王手上只有 500 元，连一瓶茅台都买不起。那我也可以按照这一车货的总价去除以 500 元，让他占到这批货的 N 分之一。等到过年的时候酒水大涨，到时候他再把这个 N 分之一的 ETF 一卖，也是赚钱的。

懂了啵？

3. 什么是影子银行

老婆，什么是影子银行啊？

你知道银行靠啥赚钱不？

吸收存款，放出贷款，赚取中间的利息差（银行的主营业务之一，为让大众直观了解故而简化了其他具体收益方式）。

影子银行呢，一般也就分成两个层面。

第一个是业务上的——一些小企业资质比较差，走常规渠道很难贷到款，所以会通过一些信托、私募以及保险机构等，把自己的公司包装成一个产品，再让银行给这个产品投资。

严格来说，这只是银行的"影子信贷"业务。只要是在合法的监管之下，走这么一圈其实也没多大问题。

但是一些不是银行的公司，它们眼馋银行的业务，也会搞一些信贷活动，这就是公司层面的"影子银行"。这些影子银

行里，有合规的保险、担保公司，也有杀机四伏的典当行和地下钱庄。

一些地下钱庄甚至会把暴力催收、境外博彩和国内信贷对接起来，前脚借给你钱去赌，后脚就拿着欠条逼你出国还债。

所以，正规银行的影子业务可以考虑；但是游离在监管之外的影子银行万万不要去碰，懂了啵？

4. 什么是融资租赁

老婆，什么叫融资租赁啊？

我们去买车的时候时常看到有些店会打出"零首付买车"的噱头，这就是融资租赁，一般会分为直租和回租两种形式。

直租呢，就是公司买来车子借你开，但使用权归你，所有权归公司。一年以后，你要么选择付清足够买辆新车的尾款，然后把旧车过户到自己名下；要么就只能看着付了一年租金的车子被直接拖走，连招呼都不用和你打一声。

回租呢，就是名义上把车子过户给你（包括所有权和使用权），但你还得再签一份利率奇高的抵押合同，如果到期还不上钱，车子依然会被拖走拍卖。所有权表面上看着是你的，其实还是公司的。

整个过程中，租赁公司会一边用库存车的原价，配上远高于银行的贷款利率让你还月供；一边用库存车的市场价去吃银行的低息车贷。除此以外，各种手续费也能刷新你的世界观。哪怕是用来监视你的GPS追踪器，也会让你自掏腰包，花上一两千元的人工费来安装这套一两百元的小玩意儿，懂了啵？

5. 什么是种子轮融资

老婆，什么是种子轮融资啊？

举个例子，假如我想开家饭店，奈何手头没有钱，于是我每天和你一起在大街上扛着扁担卖早饭。结果我爸妈看不下去了，给咱俩打款 500 元，让咱俩买辆小推车，这就叫种子轮。

有了小推车，咱们开始研究怎么做煎饼果子。终于在不断地拍脑门儿之后，咱们发明出了香蕉馅儿煎饼和榴梿口味的豆浆。这时候会有一些口味奇特的客人（天使投资人）开始陆续给我们塞个几万、十几万元的钱，说是要合伙做生意。这时候，我不但可以租个铺子，还能通过他们认识更多口味奇特的大老板（风投机构），这个过程就叫天使轮。

有了钱，我开始招人、做渠道，何氏煎饼进入规模化生产、流水

趣解名词

010 / 011

线作业。因为我的产品口味独特，越来越多的大老板想投资我，分我煎饼铺的股份。于是，我只能按照A、B、C、D轮的顺序按批次收钱。

收的钱越来越多，煎饼铺的股东就越来越多。大家都希望自己手上的股份越来越值钱，于是煎饼铺子被炒作得越来越玄乎，煎饼铺子的估值也就越来越高。到了最后，我一个卖煎饼的成了精神偶像，身家十几亿元。有股东怕我跑路，就逼着我上市割韭菜。

所以你会发现：很多公司上市以后，股东们都会在第一时间套现走人。毕竟这么高的估值里有多少水分，这是所有人都不敢想象的，懂了啵？

6. 什么是北上资金

 老婆，什么是北上资金啊？

北上资金就是从香港股市那儿来，往内地股市里去的钱。因为香港在内地的南边，所以这些流动的热钱就叫北上资金（南，即香港股市；北，即内地股市）。

过去很多老股民喜欢跟着北上资金买股票。毕竟那个时候，老外是不能直接参与 A 股市场的，如果想买我大 A 股（指人民币普通股票），只能先买港股，再通过沪港通和深港通来送钱。所以北上资金就像一盏指路明灯，每当北上资金流入增加，华尔街那帮精英就觉得大 A 会涨，那跟着一起买肯定能喝点肉汤；北上资金流出增加，老外撤了，我也跟着撤，那肯定就能躲过一劫。

但这几年不行了。主要是因为一些国内游资的良心坏了，他们喜欢换个国外的马甲，绕着圈子来炒国内的垃圾股，收割韭菜。除此以外，外资进入内地市场的渠道也并非只有通过北上资金这一种，所以在一定层面上稀释了国际投资市场对国内环境的明确态度。

换句话说，就是这年头假老外多了。所以北上资金，可以参考，但是也别太迷信，懂了啵？

7. 什么是基本面
（此处仅指股票行业）

老婆，什么是基本面啊？

我们通常可以把做投资的人分成两种类型。

一种就像金庸小说里的"气宗"，他们喜欢透过现象看本质。他们认为一只股票的好坏是和市场环境、公司经营直接相关的。而那些红红绿绿的K线图，全是庄家"骗人的"玩意儿。

于是这些"气宗"的前辈会不断搜集分析行业的政策和公司的财报，来判定一家公司长线上的涨跌。这种偏财务分析的玩法，就叫基本面。

还有一类，他们就像金庸小说里的"剑宗"了。他们更喜欢研究K线的奥秘，并按照几十年被割韭菜的经验，给各种特殊的K线变化取名字，比如什么"乌云盖顶，逃命要紧""雨后彩虹，必有三浪"。

甚至有人把这些口诀整理成了一套电脑程序，现在外面很多挂着"人工智能"的分析软件，大概率都是套这种口诀。其实技术分析是证券行业的所有从业者入门必须学习的内容，后期的基本面分析也必须建立在技术理论熟稔的基础之上，再和对手方在量价方面进行多方博弈。

我们只有在真正摸清了一家公司的深水区以后，才能按照它的"套路"和各种突发事件带来的影响来微调手上的产品。

懂了啵？

8. 什么是资本公积
（此处仅作为财务管理相关探讨）

 老婆，什么是资本公积啊？

　　举个例子，你和老王、老张合伙开公司，每人掏 10 万元，那你们这家公司的注册资本就是 30 万元。等到两年以后，假如你们赚钱了，在每年都能正常分红、发工资以后，公司账上还能留下 15 万元的利润，那这 15 万元就叫企业的留存收益。

　　出现留存收益，说明你们哥儿仨开的公司是能赚钱的。赚钱就会让人眼红啊，于是楼下的小春子也想来插一脚，准备投个 10 万元占上 1/4 的股份。搁两年前，这钱确实能占 1/4 的股份；但是搁现在，它要是还能占 1/4，那不是打你们仨的脸吗？

　　于是，善良一点儿的企业会把留存收益加上，去除以 3/4，算出总估值来，然后再用总估值乘以 1/4，以此给小春子报个价；不那么善良的呢，就会狮子大开口，直接把公司估他个 100 万元，伸手向小春子要 25 万元，说这样才能给他四分之一的股份。

　　但无论是哪种情况，小春子最后计入公司实收资本账上的，只能是 10 万元，这样你们仨的权利才不会被稀释；而他多出来的 5 万元或者 15 万元的溢价，要么你们仨私底下分掉，要么就计入资本公积，以后再平摊到四位股东的头上去。

当然，其他诸如捐赠、关联交易差价这些，也会涉及资本公积，你可以把它理解成一个溢价的缓冲垫，懂了啵？

9. 什么是要约收购

老婆，什么是要约收购啊？

假如村头老王的果园上市了，村子里的人都买了点儿他的股份。这时候，打城里来了个张老板，也想当老王果园的股东。他能怎么办？

找村民买股份呗！

没错，而且最好是私底下找几个大户，把他们手里的股份全都买下来。一来，这样好谈价格；二来，干净利落，只要在村头贴张通知就行了。

但是当张老板手上的果园股份超过 30% 的时候，就不能再通过这种方式买股份了。毕竟他除了有钱，对种果树一窍不通。万一胡乱指挥导致明年果园歉收，那村民的损失谁来赔呢？

所以村主任就给张老板开了个条件：

从今往后，要么你收敛点儿，每年收果园股份不能超过

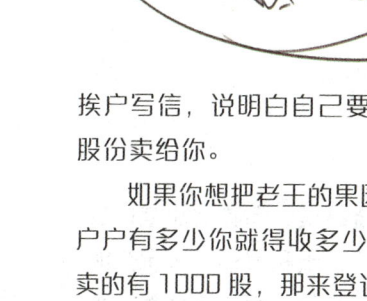

2%；要么你就得给大家一个公平退出的机会。只要手上有老王果园股份的人，你张老板得挨家挨户写信，说明白自己要收多少股份，大家谁想卖的，都能把股份卖给你。

如果你想把老王的果园整个盘下来、退市私有，那咱村家家户户有多少你就得收多少；如果你只想收 500 股，而村里愿意卖的有 1000 股，那来登记卖股的村民每家卖一半股份、带回去一半股份就行。

这种写公开信的玩法，就叫要约收购。

懂了啵？

10. 什么是 DIF

老婆，什么是 DIF 啊？

举个例子——

最近我想让你减肥，家里顿顿都烧青菜。那我得知道最近菜价大概在什么价位吧。所以我把最近五天和最近十天里头收摊时青菜的价格全都统计一下，算个平均值，再连点成线，这就是青菜的五日均线和十日均线。

心里有数了以后，我得预测一下明后天青菜的价格吧。于是我得在这五天的菜价里做些手脚。这次不是算简单的平均数了，而是要把昨天的菜价乘以 40%，前天的菜价乘以 20%（此处的 40% 以及 20% 并不是固定参数，每个手机软件的系统参数和计算法则多有出入，仅需理解为越靠近今日的数据所占权重越大，越远离今日数据所占权重越小）。这样算出来的平均数，就叫指数移动平均值，也叫 EMA；和原来的均线比起来，EMA

对最近菜价的变化更敏感。

这个时候，你再拿十二天的 EMA，减去二十六天的 EMA，得出来的就是最近菜价涨跌的 DIF（差离值）。当这个 DIF 大于 0 的时候，就代表最近菜价要涨；DIF 若是小于 0，就代表菜价要跌。

懂了啵？

（注：此处 DIF 仅限于 MACD 理论中。MACD 为异同移动平均线，其变化代表着市场趋势的变化，不同 K 线级别的 MACD 代表当前级别周期中的买卖趋势。）

11. 什么是顶背离

老婆，什么是顶背离啊？

上次和你讲过的青菜 DIF 还记得不？就是拿最近十二天青菜的平均价格减去二十六天的均价，算出来的就是这段时间里菜价涨跌的剧烈程度。

但是在实际运用的时候，你会发现有时候菜价在不断上涨，DIF 却在不断下跌。这个左小右大，像小喇叭一样的图形（类似于小于号"<"），就叫顶背离。顶背离的含义是，虽然现在菜价还在上涨，但是上涨的势头正在不断变弱。如果你是卖青菜的中间商，那这个时候往往就是你出货的最佳时机。

相反，如果菜价在不断下降，而 DIF 却在强势上涨，那这个时候的图形就叫底背离（类似于大于号">"），往往这就是入场抄底的好时候了。

其实顶背离、底背离的背后，隐藏的是一条亘古不变的自然规律：万事万物，都有它的生命周期。久涨必跌，久跌必涨。只要你能在它进入下一个周期前提前布局，那无论是菜价、房价还是股价，你都能占到便宜，懂了啵？

懂了啵？

12. 什么是费雪效应

趣解名词

老婆，什么是费雪效应啊？

你现在如果天天把工资存在银行里，银行只会给你 3 个点的利息。一年到头，20 万元的本金也就只能赚 6000 元对不对？但你不知道的是，去年 20 万元可以买到的爱马仕的包包，今年已经涨到 22 万元了。

也就是说，虽然你的钱从肉眼上看确实是涨了，但是和物价的涨幅相比，你的钱其实缩了水。这是因为银行给你开的 3 个点只是"名义利率"，它和你到手的实际利率之间其实还差了一个通货膨胀，也就是物价水平。若是物价涨了 10%，你的存款才涨了 3%，这不还是相当于你亏了 7% 吗？

所以费雪认为，和存在银行比起来，你更应该把钱交给老婆大人来打理（此处不是费雪本意，费雪效应旨在揭露通货膨胀率预期与利率之间的一种关系，它指出当通货膨胀率预期上升时，利率也将上升，仅此而已），无论她是把钱花在金融产品上，还是花在奢侈品的投资上，你都要相信，她能够让你的名义利率远远跑赢通货膨胀，懂了啵？

懂了啵？

13. 什么是 PER

老婆，什么是 PER 啊？

就是我投资这家公司（或股票）需要等多少年才能够回本。

举个例子，如果一家公司的售价为 100 万元，它每年能赚 20 万元，那我买下它只需要 5 年就能回本，这时候它的 PER（Price Earnings Ratio，市盈率）就是 5（100÷20=5）。

一般股民们喜欢用 PER 为 30 作分界线来衡量这只股票是否垃圾，股民们都希望 PER 越低越好，但实际上具体情况得具体分析，毕竟有的公司的 PER 很低只是因为它恰好站在了风口上，懂了啵？

懂了啵？

14. 什么是期货

老婆，什么是期货啊？

举个例子，假如我是农民，想要种麦子，但是又不知道 9 月的时候麦子卖出去是赚了还是亏了，所以我和你约定好，等到 9 月的时候，无论麦子的价格是跌了还是涨了，你都得按照 2000 元 / 吨的价格向我收购 2 吨的麦子。

我怕麦子贱了没人收，你怕麦子贵了收不起，这种大家为了减少各自的风险而合约交易的方法就叫作期货，懂了啵？

懂了啵？

15. 什么是做空

老婆，什么是做空啊？

举个例子，假如我向你借了10股（某公司股票），每股10元，那我是不是欠你100元？这时候如果我用100元把这10股全部卖掉，然后再爆料一些这家公司的负面消息（做空报告），那它的股价是不是会下跌？

对啊。

那等到它（被做空的股票）的股价从10元跌到5元的时候，我是不是可以用50元还你这10股了？

嗯……

那我是不是空手套白狼净赚了50元呢？
懂了啵？

懂了啵？

16. 什么是 MLF

老婆，什么是 MLF 啊？
麻辣粉？

简单来说，就是有关部门把钱借给各大银行，比如说中国银行、中国建设银行等商业银行。但是会和这些商业银行事先说好了：这笔钱，我借给你三个月到一年的时间，到时候你得连本带利地把钱还给我。

所以从某种意义上来说，这笔钱也可以看作是一种信号。如果说"麻辣粉"的利率降低了，就代表着民营企业可能更容易贷到款（市场内现金流更宽裕、更充足、更有利于炒热经济），股价也更容易上升，你也可以更大胆放心地买买买。

但是如果"麻辣粉"的利率升高过快，很可能也代表着市场过热，可能出现了泡沫。这种时候，你把钱放在银行里可能会更安全一些，懂了啵？

17. 什么是 GP 和 LP

老婆，GP 和 LP 又是什么啊？

你知道吗，其实有很多投资人本身并没有多少钱，所以他们需要找到自己的"付费人"，这些"付费人"就被称为 LP（Limited Partner，有限合伙人），管理这些钱的人就被称为 GP（General Partner，普通合伙人），懂了啵？

懂了啵？

18. 什么是 KDJ

老婆，什么是 KDJ 啊？

咱们都知道猪肉的价格变化是有周期的。那作为一个专业的猪肉贩子，我该怎么判断短期内猪肉价格的涨跌，在趋势到来之前，把收购的价格给压下来呢？

很简单，我先去肉摊子上蹲点，把这个礼拜的肉价都抄下来。假设最贵的是 30 元一斤，最便宜的是 10 元一斤，然后今天的肉价是 15 元，那今天猪肉的性价比就是 0.25，给它打个分就是 25 分［（15 - 10）÷（30 - 10）×100］。这个分呢，在金融里面就叫作 RSV。把每天的 RSV 连点成线，就是 KDJ 里的 K 线。当然啦，也有人是用当天的 RSV 和前一天的 K 值混合计算出当天新 K 值的。

可即便这样，K 线还是太抖了。毕竟它可能会受到天气、节日的影响，所以就有人把连续几天的 K 值加起来，再求个平均数。这个平均数就是 D。同样地，也有人把当天的 K 值和前一天的 D 值混合起来，计算当天的 D 值。

但无论在哪种情况下，当 K 大于 D 的时候，说明市场上的肉价有望上涨；K 小于 D 的时候，肉价就可能下跌。

那 J 又是什么意思呢？

J 就是拿 3 倍的 K 减去 2 倍的 D，它为了追求差异，所以相当刺激，喜欢走极端。当你看到在 20 分线以下的区域里头，J 不断上穿 K 和 D，就说明肉价要大涨，得赶紧收猪；在 80 分线以上的区域里头，J 不断下穿 K 和 D，就说明肉价要大跌，赶紧抛货才是正道，懂了啵？

19. 什么是负利率

老婆，什么是负利率啊？

就是我给你打张欠条，现在管你借 10 元，以后连本带利地还你 9 元。这种连本金都会亏掉的利率，就叫作负利率。

那怎么还会有人抢负利率的债券呢？

因为还有一样东西叫贴现率。

如果说我买了一年期的债券，利率是 -10%，那我现在投进去 100 元，1 年以后到手的就是 90 元；这时候我一看，上了贼船了，想中途下车，那银行也不会为难我，它会再给我一个现在赎回的利率。假如赎回的利率是 20%，那我现在中途下车，到手就是 75 元（90÷1.2）。

这个"中途下车"的利率，就叫贴现率，它是在不停变化着的。决定贴现率的有大环境、写欠条人的信用评级等因素。但这些你都不需要去管，你唯一要留心的就是贴现率什么时候会跌。因为在贴现的公式里，贴现率在分母那儿，只要它变低了，你手上债券的现价就会升高，也就是说这张欠条就会越来越值钱。

真正会玩的人，谁都不会从头到尾捏着债权熬个三年五载，大家都是中途上车、中途下车。所以，负不负利率，其实压根儿不重要，贴现率会不会更低，才是赚钱的门道所在，懂了啵？

懂了啵？

20. 什么是回拨机制

老婆，什么是回拨机制啊？

举个例子，假如现在我手上有100套房子想要卖，原本打算卖90套给中介，卖10套给散客。但是现在忽然有1000多个人想来抢我手上的房子，你说这个时候，我应该怎么办？

那就把中介手上的那90套全部收回来啊！

当然不行，对于咱们普通老百姓来说，除了自己住的房子，别的房子若是到手了，想的第一件事就是怎么能卖个好价钱。那原本只流通 10 套的市场，忽然间塞进来 100 套，还都急着出手，你猜房价会怎么样？

所以，无论有多少散客需要，我能放给他们的和放给中介的房子，最多只能五五开。这还得建立在散客的需求比我原先预计的 100 套要高出来 100 倍的基础之上；如果只高 50 倍，那我只能放 40 套；若是高出 15 倍，那就只能放出 30 套。而且，一旦中介觉得 90 套不够，那无论散户的需求有多强烈，我都只能再放 10 套给他们，让市面散客手里的房子不超过总量的 20%。

把这种玩法放到发行新股的环境里，就叫回拨机制，懂了啵？

21. 什么是老鼠仓

老婆，什么是老鼠仓啊？

老鼠仓就是一些基金经理（打理基金的人）会先用自己的钱买入一只股票，然后把股票偷偷藏起来，再大张旗鼓地用自己手里打理的基金（不是自己的钱）去砸这只股票，等到这只股票的价格被炒高了以后（抬轿子），他们就把自己私人的股票一卖，让基民们（买他基金的人）自生自灭，硬扛巨大风险，损人利己，这种行为就叫老鼠仓，懂了啵？

懂了啵？

22. 什么是对敲

老婆，什么是对敲啊？

举个例子，假如我在非洲盖了几套别墅，一套想卖上个 100 来万元。但是当地人收入太低，压根儿就买不起。这时候我怎么才能把房子迅速脱手，换成现金呢？

首先，我得多买几十个没有关联的个人资料，这就相当于我手上多出了几十个假人。他们之间对别墅的各种交易，其实都是我这个幕后大佬的自买自卖。这也就是为什么有些人去房管局拉产权调查的时候，会发现自己名下莫名其妙有几百套房产。

在整个自买自卖的过程中，其实要用到的钱并不多。因为只要用 50 万元，一次交易就能把别墅的成交价格从 100 万元抬到 150 万元，第二次交易就能从 150 万元抬到 200 万元。而我真正损失的钱，只是房子成交过程中的一些手续税费，这个过程就叫对敲。

那如果还是没人来买，这房子不就烂在你手上了？手续费不就白交了吗？

对敲的本意确实是通过频繁的交易来操控交易的数量和价格，骗"小白"跟风入局。但这只是最基础的概念。真到了实操的时候，它能演变出无穷无尽的玩法。

　　比如房子这种高价资产，房东更希望的绝对不是抛售，毕竟急着卖房肯定意味着血亏折价。但是如果能通过住房和城乡建设部公布的二手房参考价去银行按揭贷款，那就算只能按照市场价格的六七成贷出款来，也远比血亏来得划算。

　　更何况，对敲方只是自己找来的托儿，房子看上去是卖给别人了，但实际上还是自己住或者出租。很多大房东说自己有几百套房，其实用的都是对敲手段，四两拨千斤，自己真没花多少钱。

　　懂了啵？

23. 什么是 RSI
（此处仅讨论股票领域名词）

老婆，什么是 RSI 啊？

以前上学的时候，你是不是能感觉到一种后劲？就是无论现在考得怎么样，你都能朦朦胧胧地感觉到自己的成绩在向好或者向坏的方向发展。能够测量出这种方向强弱的指标就叫 RSI（Relative Strength Index），也就是相对强弱指标。

方法很简单。

你把这学期大大小小所有的考试成绩都按时间顺序排一遍，但凡是比上次分数高的，就用红笔把高出来的分值记下来，再加起来求个和，假设这个数为 X；再把比上一次分数低的用黑笔把差值记下来，也求个和，假设这个数为 Y。那你这学期的 RSI 呢，就是用 X 去除以 (X+Y) 再乘以 100。

一般来说，如果你的 RSI 比 50 高，就说明你在不断进步；若是比 50 低，就说明你正在退步。但是，当你的 RSI 太小，甚至小于 20 的时候，往往是太贪玩影响到了正常的实力，被打一顿成绩就能突飞猛进；当你的 RSI 超过 80 的时候，要么是你打通了任督二脉，要么就是你小子作弊技巧更加厉害。

总之发力过早，过犹不及，下学期你就可能会迎来一拨分数的下降。

懂了啵？

懂了啵？

21. 什么是 PE

老婆，什么是 PE 啊？

就是一些有钱人，他们会组建一个团队，收购一些小公司的股权，然后通过一系列吹牛拍马的操作，让这些小公司看上去好像很值钱，然后被上市、并购。等它们被上市、并购了之后，这些人就把手里的股权一卖，他们就可以躺着数钱了，懂了啵？

懂了啵？

25. 什么是 T+0

老婆，什么是 T+0 啊？

"T"指的是买入产品的当天，"T+0（Transaction plus 0 days）"指的是今天买入、今天卖出，没有时间和次数的限制。我们国家现在的股票机制属于"T+1"，也就是我今天买入，明天才可以卖出。

很多小伙伴觉得自己会亏钱，是因为"T+1"没有"T+0"来得灵活。但实际上，"T+1"反而保护了那些过于冲动的小伙伴，"T+0"则会让你更容易陷入庄家设置的布局之中，懂了啵？

懂了啵？

26. 什么是做 T

老婆，什么是做 T 啊？

举个例子，刚下锅的面条还是生的，吃不了，所以往往要等煮一会儿之后才能吃。如果你现在就要吃面条，那唯一的办法就是把锅里已经煮好的面条捞起来，再下一把数量相当的面条进去。

股市也是一样，一般今天买，明天才能卖（T+1 机制）。但如果你今天买了一只股票想当天就卖掉，那唯一的办法就是做 T，也就是把 T+1 做成 T+0。

我再举个例子。

假如你手上有 100 手（在 A 股市场上，科创板股票一手为 200 股，其他板块的个股 1 手为 100 股）10 元一股的股票（面条），而它今天的价格波动又比较大，那你可以在它 9.3 元的时候再买 100 手，然后等它上涨到 10.3 元的时候卖掉 100 手。这时候，你在短短一天的时间里就套利了 1 万元。

但是做 T 也存在着风险，毕竟你买卖股票是要交手续费的。要是碰上那种一分钱玩一天的股票，你做个 T 连手续费都不一定能挣得回来。

懂了啵？

27. 什么是基金里的贝塔值（β）

老婆，基金里的贝塔值（β）是什么啊？

　　简单来讲，基金就是拿着你的钱去买一篮子不一样的东西做投资。篮子里面的鸡蛋、酱油、白砂糖，你可以理解成债券、股票、银行产品。这些东西，对市场上物价变化的敏感程度不一样。就好比当物价平均涨了1元的时候，可能酱油的价格还是不涨不跌，但是鸡蛋的价格却会立马就涨上三四元。

　　那我要怎么知道这一篮子的货，总体上对市场物价的变化是否敏感呢？很简单，我先去菜市场管理员那儿了解一下每天的平均物价是多少。假如今天是11元，昨天是10元，那物价的增长率就是0.1。这个时候，假如我这篮子里所有东西的总价，昨天是100元，今

天是 120 元，那我的净值增长率就是 0.2。这时候，我这一篮子的贝塔值就是 2。

一般来说，贝塔值越高，说明我这篮子货对物价变化的敏感程度就越高，赚得多、亏得多；贝塔值越低，说明我这篮子货对物价变化就不是很敏感，虽然赚得少，但是也抗跌啊。

所以，怎么处理这个小篮子里的配置，才是最考验功夫的地方，懂了啵？

28. 什么是 ABS

老婆，什么是 ABS 啊？

举个例子，假如我是卖包子的，最近生意不错，想要开个分店。可银行看不上包子这种便宜货，不肯批贷款；问土豪借钱，利息又太高。于是我会找个有威望的人，让他找乡亲们凑点儿钱，承诺把新包子铺未来 6 个月赚到的钱都拿出来回馈给他们。为了让大家放心，我不仅会先垫一笔钱，还会给大家按手印、打欠条。这种拿预期收益来募集资金的方法，就叫 ABS（Asset Backed Securities）。

开张后的前 3 个月，我的新包子店果然赚钱了，于是我打的借条开始在黑市上流通。甚至有些别有用心的人会对大家再发行个 ABS，用来收购我打出去的欠条。最后你会发现，市面上出现了无数个指向 ABS。但无论这些 ABS 被包装得多么华丽，你都得知道，一旦包子店倒闭，这层层叠叠的 ABS 就是一堆废纸。

所以在买 ABS 之前，一定要看好它源头的项目是什么，被架空了多少层，懂了啵？

懂了啵？

29. 什么是 MM 制

老婆，什么是 MM 制啊？

举个例子，你现在很缺钱，想把房子卖个 100 万元，但市场上迟迟找不到看上你房子的买家。这个时候，你刷到某中介愿意用 90 万元收这个小区的房子且位置不限的信息，虽然这个价格并未达到你的预期，但毕竟着急用钱，你也只好咬咬牙把房子卖给了中介。

这家中介，就是造市商 (market maker, MM)。

造市商一般都很有钱，喜欢和市场里绝大多数人玩反向操作，也就是你买他就卖，你卖他就买。这样一来，他不但能够收佣金，通过低买高卖赚差价，更能激活市场，让源源不断的小散户疯狂涌入，懂了啵？

懂了啵？

30. 什么是CDS

老婆，什么是CDS啊？

举个例子，假如你想问隔壁的老王借钱买房，但他信不过你。这个时候，我给你做了个担保，去和老王说，如果到时候你还不上这钱，我会替你还。但是有个条件，就是老王必须每个月都付我一笔保费。

老王本来不打算借你钱，但是现在有了我这个中间担保人，也就没什么好顾虑的了，最大的损失无非就是少挣点利息，于是他一口答应下来。那我和老王之间签的这份合约，就是原始的CDS（Certificates of Deposit，定期存单）。

后来，随着我和老王的生意越做越大，有一些

无聊的闲人就开始拿我们的合约打赌。有人觉得这次我要赔钱，有人觉得我不会赔钱。这时候，我和老王之间的约定，就成了一个类似开大小的盘子。到最后，哪怕是和这场担保没有任何关系的闲人，都可以成为 CDS 的买家和卖家，扮演起老王和我的角色。

总之，卖 CDS 的人，想赚的是保费佣金；而买 CDS 的人，想赚的则是赔偿款。

懂了啵？

31. 什么是价值投资

老婆，什么是价值投资啊？

其实在金融行业内部，和《笑傲江湖》里的华山派一样，是有两个分支的。

其中一个分支叫价值投资，他们喜欢研究基本面。也就是我只看这家公司有没有人才，财务数据是不是健康，做的事情有没有发展潜力……如果这些反馈都不错，那我不管现在这家公司的股价是高是低，都会直接买入。而且如果未来这家公司的股价一旦下跌，我就会不断补仓。因为我相信在一年、三年的时间跨度里，所有短期的波动都会被抹平，金子终会发光，我一定是赚的。

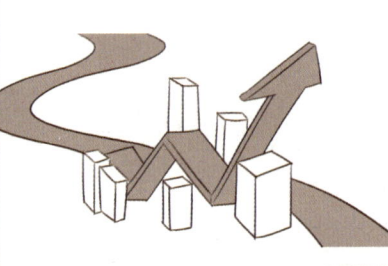

另一个分支叫趋势投资。他们比较信仰技术面，也就是坚信"历史会不断重演"。所以他们会把过去一段时间内的股价变化记录下来，再通过以往的经验，总结出 DIF、KDJ 等公式。

一旦出现过去经常出现的某个图形，他们就认为历史即将重演，公司的股价也会按照过去的走向再来一次。

所以信仰<u>价值投资</u>的人，在玩票前必须做好"打长期战"的准备，越低越买；信仰<u>趋势投资</u>的人，必须时刻遵守<u>止损止盈</u>的那两条红线，绝不可恋战，懂了啵？

32. 什么是基金定投

老婆，什么是基金定投啊？

这个词的理解得看你是什么段位了。

假如你是青铜段位，那这个词的意思就是：在每个月发工资的那天，你会拿出三五百元来无脑买入同一只基金，无论它是涨还是跌，你都当存银行活期一样买进去。但是这么做的结果，很可能是一连好几个月这只基金都不涨、不跌或者一直亏钱，那你就尝不到什么甜头，很难撑得过半年。

假如你是白银段位，那这个词的意思就是：选一只过去几年都很赚钱的老牌基金，然后看准时机分批买入。最好是它一跌就买，再跌继续买，一直买到自己的钱花完为止，然后就坐等它涨上去后再卖掉。这么做的结果是虽然偶尔能赚点儿小钱，但基本上还是在给基金公司打工。

而对于黄金段位的大佬来说，基金定投的另一个叫法就是价值投资。也就是在阅读了大量的研报材料和政策文件以后，你得先挑选出一个极具潜力的蓝海行业。再从投资这个行业的基金经理里选出一位水平过硬、人品可靠的老船长。最后放心

大胆地把钱分批交给他，接着按照自己的预测来不断地调整仓位。

在《2020抖音财经内容生态报告》里，基金已经成为一大热门。可直到今天，仍然很少有人了解基金的本质——将自己的钱交给专业的人去打理。

其实，你投资的不是基金本身，而是那个专业的人或团队，懂了啵？

33. 什么是阿尔法（α）收益

老婆，什么是阿尔法（α）收益啊？

很多时候你的实力会被别人低估，一些理财产品也同样如此。

举个例子，别人以为你和普通人一样，干一天活儿只能赚 300 元。实际上你干一天活儿赚了 1000 元，那么其中你比别人多出来的这 700 元，就是你的阿尔法收益。

很多理财产品都会标出阿尔法系数这个指标，其实就是这个产品的赚钱能力和市面平均水平的差额。所以阿尔法系数越高就说明这个产品的团队技术越硬，越能给你带来意想不到的额外收入，懂了啵？

懂了啵？

34. 什么是场内基金

趣解名词

老婆,什么是场内基金啊?

在很久以前,网络还没有现在这么发达的时候,你若是想买基金,一般只有两个办法。一个是去银行排队;一个是去证券交易所的大厅排队。长此以往,那些在交易所大厅里买卖的基金,就叫场内基金;不在交易所大厅买卖的基金,就叫场外基金。

场内基金因为常年和股票混在一起,所以慢慢变得有些"股票化":你想买就得有人卖,你想卖也得有人买,妥妥的二手跳蚤市场。基金的价格往往很容易被人为地炒高或砸低,波动很大也很刺激。

场外基金因为常年和银行理财混在一起,所以和场内基金比起来要安稳得多:你直接和基金公司交易,它开什么价你就按什么价买,一视同仁、童叟无欺。

老玩家一般更喜欢场内基金;新手呢,建议从场外基金开始练手,懂了啵?

35. 什么是 FOF 基金

老婆，什么是 FOF 基金啊？

首先，基金指的是你把钱交给专业的人去打理，如果说这个人拿着你的钱去买了股票，那这只基金就叫股票基金；如果说这个人拿着你的钱去买了债券，那这只基金就叫债券基金。

那假如他拿着我的钱去买别的基金呢？

这就是 FOF (Fund of Funds，基金中的基金) 啦，懂了啵？

懂了啵？

36. 什么是指数基金

老婆，什么是指数基金啊？

比如我刚刚去超市买酱油，发现有的牌子的酱油涨价了，有的牌子的酱油却降价了。那我该怎么知道现在的酱油市场行情总体上来说到底是涨还是跌呢？

很简单，我去把现在市面上常见的或者说销量比较高的品牌的酱油，按照比例统统买一遍，然后再平均分成若干份卖给别人，这就叫酱油指数基金，懂了啵？

懂了啵？

37. 什么是外汇储备

趣解名词

老婆，什么是外汇储备啊？

假如我把大米卖给泰国人，到手1万泰铢。但现在我要给员工发工资，该怎么办呢？

去银行把泰铢换成人民币！

嗯，那对于中国人民银行来说，这1万泰铢就是外汇储备。因为这1万泰铢不能在国内买任何东西，它只能存在银行或者在泰国用掉。但是国内与泰国做生意的越来越多，如果不考虑在国外用掉，为了能够保证更多国内的商家可以换到人民币，中国人民银行只能怎么办？

只能多印钞票。

对，国内的票子越来越多，票子

就会越来越不值钱。而那么多泰铢压在手上用不掉，就相当于泰国人免费借用了我们 1 万泰铢的大米不用还。

所以还是要在国外把泰铢用掉！

正确！所以即便泰国不想卖给我们任何东西，我们也要想办法把一定的外汇储备给用掉，以交换更多的资源。这些资源可以是非洲的矿石、欧洲的技术。而泰国欠我们的资源，就可以被这些国家给消化掉，懂了啵？

懂了啵？

38. 什么是杠杆

老婆，什么是杠杆啊？

假如你有10万元，恰巧遇上股市一个涨停板，能赚10%，那你手里就有11万元了（本金10万元，利润1万元）。但假如你用10万元当作保证金，向银行贷款100万元，同样的一个涨停板，你就能赚10万元。再加上之前的10万元保证金，你手里就会有20万元。

这种以小博大的玩法就叫作杠杆，懂了啵？

懂了啵？

39. 什么是可转债

老婆，什么是可转债啊？

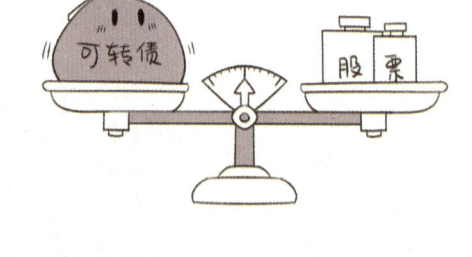

可转债就是若是有一些公司给你打了欠条，你可以有两种选择：一种就是等欠条到期了，让这家公司连本带利地把钱还给你；另外一种就是过一段时间你把欠条转成股票，从这家公司的债主摇身一变成为它的小老板，懂了啵？

懂了啵？

10. 什么是债转股

老婆，什么是债转股啊？

举例来说，一个小女孩儿（企业）她没有工作，甚至交不起房租（资金链紧张），于是她就问"隔壁老王"（银行）借钱。

但是借了钱、交了房租，她还是找不到工作（资金流依然紧张），眼看"隔壁老王"催债的节奏越来越频繁，于是她就找到了你这个"男朋友"（资产管理机构）。她和你商量，能不能把她（企业）欠"老王"（银行）的钱一并还掉，就当作你给她的彩礼（成你的"人"）。

这个"老王"就是银行，你就是 AMC（Asset Management Companies，即资产管理公司），整个过程就叫债转股（还不起债，就将债款转化为股票拖一拖），懂了啵？

懂了啵？

41. 什么是送转股

老婆，什么是送转股啊？

举个例子来说，现在到了年底，人家公司都发现金、分红，但你们老板不想发，但不发吧又怕你年后跳槽，所以拍脑袋想了两套方案出来。

第一套方案，叫**送红股**。即公司虽然赚了钱，但我舍不得给你啊。咱们不如将利润（未分配利润）全投进公司，把蛋糕做得更大一点儿。为了鼓励你，我会送你一点儿股份。比如"10 送 5"，就是看你手上原来有多少股票，每 10 股我就送你 5 股，相当于原来的 1 股变成了 1.5 股。

第二套方案，叫**转增股本**。即就算公司不赚钱，我也可以自掏腰包给你发股份。由于这笔钱不是咱公司靠本事赚的，所以就算分给你，你也不用交个税。

但是无论送股还是转股，等你拿到了股份以后，咱公司的股价总得往下调一调吧？反正你看好的是公司的未来，哪怕今年亏一点儿也没什么。

当然啦，你也别羡慕别家公司。他们的"现金分红"也得是在拿到了钱以后，把股价里的这一笔钱给抹掉。除此以外，新员工还得交上一笔不菲的红利税。

所以，听到什么"高送转""现金分红"的，不用太激动，这些玩法无非是把一棵青菜掰成两截、撕点儿菜叶的文字游戏。

懂了啵？

42. 什么是干股

老婆，什么是干股啊？

就是一些私企小老板为了激励员工，会给他们一些虚拟股份，好让他们（持股员工）在年底的时候能够拿到一点点账面上的利润。

但实际上绝大多数的干股都只有个分红权而已，很少会有老板把你报入工商部门，让你当真正的股东。

所以那些拿着干股的人，往往既没有公司的所有权，也没有偿还公司债务的义务。当你签署那些所谓入股协议的时候，你要看清你的老板是否给你增加了一些债务的条款来坑你，懂了啵？

懂了啵？

13. 什么是IPO

> 老婆，什么是 IPO 啊？

举个例子，假如咱俩本来是卖煎饼的，生意做得不错，于是有很多大佬看好咱们，纷纷投钱进来扩大规模。结果何氏煎饼越做越大，甚至连大佬们都撑不起来了，这时候咱们就得拉广大的股民接盘了。这个第一次公开拉人入伙的动作，

就叫 IPO（Initial Public Offering，首次公开募股）。

步骤其实很简单。首先，肯定得向证监会打个申请，名字就叫"招股说明书"好了，写清楚我为什么要上市、有什么资格上市等。然后再把材料一交，坐等批复。等批复下来以后，我就得四处做演讲，再配合各种新闻媒体来造势宣传，让我何氏煎饼的招牌金光闪闪。

这个时候，自然会有很多金融机构来找我，想要当我的销售来帮我卖股票。你不要以为这个销售好当哦，因为所有卖不掉的股票，它都得一个人吃完。

接下来的事情就不用我多操心了。宣传的活儿归媒体，囤货的活儿归机构。再有一大票老股民不停地热炒交易，何氏煎饼的股价就能从一元涨到二三十元，我和大佬们的身价自然也能水涨船高，再也不用为钱烦恼，懂了啵？

懂了啵？

44. 什么是代持股份

老婆，什么是代持股份啊？

你知道有很多工作是不能接触到商业盈利的；也有一些生意里面存在着关联交易。总之，很多情况就是你端起东家的碗就不能去西家的锅里吃饭。

这个时候，有些牛人就会动点儿歪脑筋，请自己的司机或者长辈去西家的公司里挂个股东的名。

这些牛人呢，就叫隐名股东（也叫实际投资人）；那些在前台"演戏"的司机和长辈，就叫显名股东（也叫挂名股东）。平时隐名股东出钱出力，显名股东投票决策，两边井水不犯河水。

但时间一长难免会有些问题。比如，隐名股东觉得公司账目不太对了，但他也没权利去查账，只能被蒙在鼓里；比如，公司快要破产的时候，显名股东很可能就成了背锅侠，背上一屁股的债。

所以在代持股份之前，两边最好先签一份白纸黑字的代持股协议书（必须在合法的条件之下，订立内容合法的相关约定，建议找律所编写相关细节）。在协议里约定好隐名股

东的特殊权限，显名股东能够随时退出公司的权利和保障，然后再让其他股东和公司在这份协议上签字盖章，懂了啵？

（注：目前法律层面并未对股份代持出台十分明确的禁止条文。但是综合法律精神而言，股份代持行为并不符合正常的股权架构逻辑，希望有此需要的读者能够联系律所，规避在代持股协议书及股份代持过程中可能存在的各种风险。）

懂了啵？

15. 什么是券商

老婆,券商到底是干吗的啊?

看到楼下发传单的房产中介了吗?金融领域里的中介,就叫券商。它干的活儿和房产中介差不多(券商涵盖的领域很多,本文仅仅介绍其冰山一角)。

首先,如果你要买"房子"得先知道现在的市场行情吧。券商里,那些给你写鸡汤文、小广告的,叫作研究所。这帮人每天的工作就是做做采访、看看新闻、写写文章,时不时甩几句"禀赋向量""瓦尔拉斯需求"之类的,结论准不准不好说,反正都是瞎猜的。但他们统计的数据多少是有点儿参考价值的。

其次,如果你想卖"房子",也就是卖公司的股权,乃至于倒腾上市,也会有券商和你合作。它们的名字就叫投行。股权、债权两手抓,从一家公司的包装过检到上

市炒作，它们都能"一条龙"服务，目的就是让你把公司卖个好价钱。

当然，如果你想"买房"，也就是买股票，那得先在券商那里开个户，接下来就会有销售人员隔三差五地给你打电话，让你不停地交易，这帮人就叫投顾（投资顾问）。反正你赚也好，亏损也罢，他们是无所谓的，只要你频繁交易，他们就能吃到佣金头寸，赚得盆满钵满。

其他的券商，也有借钱给你玩票的（融资融券），也有拿着你的钱代理玩票的。但绝大多数券商的业务都离不开股票市场，就像房地产中介的业务始终离不开房产一样。所以说，看似高大上的金融行业，其实也只不过是个服务行业，懂了啵？

懂了啵？

46. 什么是 P/B

老婆，什么是 P/B 啊？

就是在最坏的情况下，你投资一家企业的风险有多大。市净率就是拿你买下这家公司要花的钱，去除以现在把这家公司关门以后还能剩下的钱（净资产）。

举个例子，假如现在我让你整个公司关门，把欠的债还一还，再把员工的遣散费发一发，最后你手里还剩下20万元；而现在外面的人愿意出100万元来买你公司的股票，那你的 P/B（Price-to-Book Ratio，市净率）就是 5（100÷20）。

正常情况下，P/B 的值越小，那购买公司股票的风险就越小。极端情况下，当市净率一旦低于1，就代表你买了以后，哪怕只是把公司的桌子板凳拆拆卖了都能赚钱，懂了啵？

懂了啵？

47. 什么是 CDR

老婆，什么是 CDR 啊？

举个例子，假如我是外国人，在非洲开了家公司。本来打算上市以后把股票卖给美国人来赚钱的。但是最近你懂的呀，地主家也没余粮了，放眼全世界，最有钱的还是中国人。

但我的公司是老外开的老外公司，和中国没有任何关系，自然不能直接在大 A 上市捞钱。于是我想了个办法，先找到中国银行非洲分行，把我手上的洋股票打个包存在它那里托管。接着，非洲的分行收到了我的股票，就会给远在中国的总行打个电话，让总行这边开个凭证。

这张总行开的存托凭证，就叫 DR。又因为中国的英文是 China，所以在国内流通的 DR 就叫 CDR（Chinese Depository Receipt，中国存托凭证）。

整个过程看上去有点儿像过去的钱庄银票。但实际上 CDR 不是为了给外国人在国内用的，而是让中国的有钱人来买的。只要这家国外的公司被国内的投资者看好，那 CDR

的价格就会越来越高,外国人也就变相地赚到了国内的钱。

那为什么有的中国人,还要特地绕到国外去开公司,再发个CDR绕回来吃饭呢?

要么是因为刚开始的时候它还不够资格在国内上市;要么就是因为它刚开始的时候不看好国内的市场呗。

懂了啵?

48. 什么是 ROE

老婆，什么是 ROE 啊？

ROE（Return on Equity,净资产收益率）就是开局一把刀，看你在规定的时间内能够捡到多少"装备"（利润）。

举个例子，我给你 100 元（净资产），如果你在一年的时间里能用这 100 元（本金）赚到 10 元（税后利润），那你的 ROE 就是 10%。如果你用这 100 元赚到了 100 元，那你的 ROE 就是 100%。

在对外披露的财报里，ROE 越高，就说明这家上市公司的赚钱能力越强，那它的股价也就会越高，懂了啵？

懂了啵？

19. 什么是打新股

老婆，什么是打新股啊？

在过去，一只股票上市就意味着会有好几个涨停板（连翻好几倍），哪怕你蒙着眼睛随便抢，只要能抢到一只新股，就意味着你可以轻松赚得别人一整年的工资积蓄。但是打新股并不是靠手速，而是靠你手里的股票总市值和运气。

简单来说，你原本持有的股票总价越高（≥20万元）越能中签。如果说你运气好，也有可能成为那4‰左右的幸运儿，过程堪比买彩票。当然，这只是针对大A，也就是沪深两市。

如果你不小心买到了港股，那接下来的这几年，可能会有一个不一样的结局——跌破发行价（破发），也就是上市的当天就会被套牢，懂了啵？

懂了啵？

50. 什么是 PS

老婆，什么是 PS 啊？

市销率（Price-to-Sales，PS），一个能把黑说成白，把亏钱说成赚钱的概念型指标，很多创业者都喜欢用它来吹牛。

举个例子，假如我是一家正经的包子铺，顶多值个 10 万元。而且今年生意不好，招的人又有点儿多，导致如果我想卖掉 20 万元的包子，就得付出 50 万元的材料费、人工费、房租和税费。

小学生都知道，拿 20 减 50，我今年肯定亏本的。但是有些老板的脸皮就比小学生要厚得多。别人是拿 10 万元的市值，去除以 -30 万元的净利润，得出来的这个负数叫市盈率。而他却用公司 10 万元的市值，去除以 20 万元的收入，得出来 0.5 的市销率。又因为无论市盈率还是市销率，只要在大于 0 的情况下，越靠近 0 越牛，所以这个亏钱的包子铺立马就能摇身一变，成为资本市场里有前景、有未来、有希望的三好企业。

趣解名词

078 / 079

无所谓，反正我不要脸

所以很多经济学大师、评论家都喜欢用这些指标来说服你，让你相信他们个人对未来的看法。但实际上，这些你听不懂也没见过的指标，很可能就是为了唬住你而编出来的。

毕竟就算是股神巴菲特，他自己也并没有白手起家真正做成过哪份实业，懂了啵？

懂了啵？

51. 什么是纸黄金

老婆，什么是纸黄金啊？

现在金价越来越高，如果让你来投资黄金，你会买什么？

金链子呗！

可是金链子里包含了人工费、设计费，这些钱在卖金链子的时候又算不上价，白白被金店宰了好多钱。

真正想靠"炒黄金"赚钱，可以去正规银行里买卖"虚拟黄金"，然后按照国际金价的上下波动套利赚钱。这种利用虚拟黄金的价格波动高抛低吸赚钱的产品，就叫纸黄金。

那咱们赶紧去买纸黄金吧！

你身体吃不消的。纸黄金一般都是 24 小时即时交易，而且它涨跌最激烈、最容易赚钱的时间段是晚上八点到第二天的凌晨。长时间的熬夜，对身体的伤害很大。除此以外，

趣 解 名 词

080 / 081

银行动不动就上调点差（最小浮动单位，当汇率变化时，点数波动的差值为"点差"），成交的实价绝对比标价高。

玩纸黄金，到最后真的就是赚个辛苦钱，懂了啵？

懂了啵？

52. 什么是炒外汇

老婆,什么是炒外汇啊?

　　举个例子,如果美元和日元的比例为1:100,那我可以将手里的100日元换成1美元。但过段时间,如果日元贬值了,需要用200日元才能兑换1美元的时候,我就可以用手里的1美元换回200日元。
　　在隔壁老王手里的钱越来越不值钱的时候,我通过兑换国外的钱躲避了这个贬值的风险,这种玩法叫作炒外汇,懂了啵?

懂了啵?

53. 什么是洗盘

老婆，什么是洗盘啊？

　　洗盘，就是庄家通过各种手段来打压股价，并且制造一定的恐慌，好让你手里的股票早点儿抛出去。等到股票涨的时候，他们也就不希望你们来分一杯羹了，懂了啵？

懂了啵？

54. 什么是爆仓

老婆，什么是爆仓啊？

举个例子来说，假如你是卖草莓的，现在草莓的进价是 10 元一斤，结果你自己手上只有 100 元的本金，只够买 10 斤草莓。但人家果园要求，你最起码买 100 斤才能拿到 10 元的批发价。

所以你来找我借钱，想凑个 1000 元进货。于是我借了你 900 元，这个时候，假如市面上每斤草莓的售价涨了 10 元钱，那你就直接赚了 1000 元，等于你本金十倍的利润。

但是，假如市面上每斤草莓的售价跌了 10 元钱呢？

那我就只剩 900 元的草莓？

不对，你就一毛钱都没有了。

因为那 900 元是我借给你的，一旦草莓的总价格跌过了 100 元，你手上所有的钱就已经被亏完了。假如草莓的价格继续跌下去，我的亏损由谁来弥补呢？所以这个时候，你要么再投进来100元，让我的这900元有个缓冲垫；要么就只能眼睁睁地看着我把900元全部抽走。

你继续投钱进来，就叫补仓；你拿不出钱、眼睁睁看着我抽资走人，就叫爆仓。懂了啵？

55. 什么是商业保理

老婆，什么是商业保理啊？

举个例子，你是开超市的，我是做酱油的。超市大多是赊销，所以说，如果你想先把我的酱油卖完了再跟我结账，那我自然是不愿意的。我毕竟和你又不熟，万一你骗了我的酱油跑路，到时候你打给我的白条和废纸有什么区别？

这个时候，你就得找到对这张白条感兴趣的人，他们叫作商业保理公司。

简单来说，商业保理公司有钱有闲，愿意拿着你的白条先垫一部分钱给我，然后再跟你慢慢地催收。如果隔得比较远，还可以再找一家你当地的保理公司专门干要钱的活儿。

一些路子比较野的商业保理公司，还会将这张超市打的白条继续抵押给一些喜欢风险投资的有钱人，再拿着套现的钱继续收白条、扩大业务。

可惜越到后来，保理公司碰到的老赖就越多，上头对于暴力催收的打击力度也越来越大。所以很多原本"垫付"的

生意都变成了"借付",也就是一旦当保理商追不回超市货款的时候,他也有权向酱油厂要回之前结清的款项。

这种"吃了吐"的权利,就叫保理的"追索权",懂了啵?

56. 什么是摊余成本

老婆，什么是摊余成本啊？

如果我直接伸手向你借钱，但利率只有市场上的一半，你会借我吗？

不借！我又不傻！

那好，如果实际上我问你借1000元，但在欠条上写1200元，利率还是只有外面的一半，这样可以吗？

这样感觉也能考虑……

傻了吧？假如外面的市场利率是20%，也就是你1000元借出去，一年能赚200元。那你借我1000元，第一年年底就少赚了80元（1000×20%-1200×10%），相当于无形之中一共"借"了我1080元（1000+80）；第二年年底，相当于又"借"了我 96 元（1080×20%-1200×10%）。

以此类推，越往后算你亏得就越多。十年以后，你多"亏"的钱何止是当初区区 1000 元的小便宜？

有时候，甚至都没有这 200 元的"诱惑"，很可能只有银行门口的一桶油、一袋米，甚至是流量套餐，所以小便宜莫贪，懂了啵？

57. 什么是爬行条款

老婆，什么是爬行条款啊？

如果你想在现实里成为一名霸道总裁，控制一家上市企业，那在迅速获得30%的股权以后，一般只有两条路线可以走。

第一种叫要约收购。就是你拿着十几个亿的现金，对着其他股东们喊一句："你们手上10元的股票，小爷我15元收了！"

这种玩法比较嚣张，不但需要你资金雄厚、舍得花钱，而且还容易让这家公司原来的霸道总裁很不爽，甚至可能直接和你翻脸、否掉

你的要约申请。

　　第二种就叫爬行条款。你可以选择不公开喊话，但是每年只能暗戳戳私底下收它个 2% 的股权。不过两年以后，你就能触发"一票否决"的特权（占股 32%）；也就是无论霸道总裁说什么，你都能轻轻松松地一个人毙掉他的方案。多攒个几年，江山易主、直接上位也不是不可能。

　　这个过程很稳，但是也很慢，就好像乌龟爬行一样，所以叫爬行条款。

　　懂了啵？

58. 什么是期权
（此处为投资品类期权）

老婆，什么是期权啊？

举个例子，假如我想买你手里的一套房，但是又怕过段时间房价会下跌，所以我跟你约定好，在半年之内我会花 200 万元买你这套房子。你要是不信，我可以和你签订合同（合约），并且当场发你 10 万元的红包（权利金）。

如果说在半年之内房价涨到了 300 万元，我可以随时按照合同用 200 万元买你的房子。但是如果在半年之内，房价跌到 100 万元，我也可以随时放弃用这 200 万元买你的房子（放弃权利）。

（放弃情况下）最后亏的也只是当时我发给你的 10 万元红包（放弃权利），这种玩法就叫作期权，懂了啵？

懂了啵？

59. 什么是背书

老婆，什么是背书啊？

　　举个例子，你今天给我打了张欠条，但你这个人一向喜欢耍赖皮，我打又打不过你，所以只好把这张欠条算便宜点儿转让给你老爸。为了防止你不认账，我特地在这张欠条背后贴了张小字条，先在左上角写清楚被背书人，让你老爸签名；再在右下角写清楚背书人，然后签上我的名字，写好日期。

　　为了防止你再耍赖说这张小字条是假的，我也会在小字条和欠条的连接处盖上骑缝章。这样的一个过程，就叫作背书。

　　以前大家都不喜欢背书，因为很容易碰到"断档"，也就是上个被背书人和下一个背书人不是一家公司，补起手续来相当麻烦。不过现在很多票据都开始走电子化了，而电子汇票的背书一般都是在电脑上操作完成的，基本不会再出现"断档"的失误，懂了啵？

懂了啵？

60. 什么是换手率

> 老婆，什么是换手率啊？

就是一个通过交易频不频繁来看市场热不热的指标。

举个例子，假如我现在拿出 100 根金条来卖，结果今天卖出去 10 根，那我这一天的换手率就是 10%。如果所有的买家忽然在下一秒后悔了，把这 10 根金条原封不动地退给了我，那这一天金条的换手率就是 20%。所以换手率看重的不是市面上流通了多少根金条，而是这些金条被倒腾了多少次。

国外也有用成交价格和市场价格的比值来算换手率的，其实本质上都一样。因为从理论上来说，换手率越高就说明市场越热。只要市场足够狂热，哪怕是根葱，价格都会暴涨。

甚至还有人专门研究出了一套"换手率决定论"，说任何市场，只要换手率在 2% 以下，就没有投资的价值；在 5% 以下，就是进场的好时机；在 15% 以上，神秘力量入场，你就该退下啦。

但实际上，换手率它本身就很有可能是个巨大的鱼饵。

庄家正是利用你的贪心，自己找人去频繁交易，制造出换手率很高、市场很热的假象。而等你开开心心地接盘了以后呢，该爆雷的爆雷，该割韭菜的割韭菜，反正他们的货都出完了。

所以换手率这个指标，只适合用来监测异常的波动。一旦某天换手率忽然大幅增加，那就代表着金价也好、股价也好，将进入一段剧烈的震荡之中，你要做好随时撤退的心理准备，懂了啵？

61. 什么是盈余公积

老婆，什么是盈余公积啊？

举个例子，假如我是你的老板，今年多少赚了点儿小钱。但是我不想和你分，又怕你明年甩手不干。这时候该怎么办呢？

把利润封在公司账上呗。

对。每年年底的时候，会计都会盘一下公司这一整年的账，算出来今年一共赚了多少钱，然后把该发的工资发掉，再把该结的工程款结清，最后把该交的税再给交齐。如果这三板斧下去，今年的账上还有钱，那这笔钱就叫作净利润。

这时候，奇葩操作就来了。首先，我会把净利润切个10%拿去存起来，因为这是上头规定的，叫法定盈余公积。虽然上头也说了，积累到注册资金一半的时候可以不用再扣。但放心，我怎么可能只有这么一家公司呢？多开几个壳子分担一下，就算一两千万元也不过是毛毛雨而已。

其次，如果股东们介意我把钱转出去，那我也可以用"任意盈余公积"的名目来随意切净利润这块大蛋糕啊。这笔钱，我可以用来弥补以前买房、买车给公司带来的亏损；也可以防患于未然，为明年的豪宅、房车做个准备嘛。这些东西虽然都挂靠在公司名下，但是实际使用的人，还是老板。

所以，不要用公司今年赚了多少去和你的老板理论，只要他想，随时都可以把盈利的账目修改成0。给不给员工福利、分不分股东红包，往往更取决于一个老板的人品，懂了啵？

62. 什么是暗盘

有点儿类似于黄牛炒手机。一个手机正式到货之前肯定会预售吧？一般来说，不可能所有人都能抢到预售名额。而且就算抢到了预售名额，你也不可能一次性订个一两万台。

所以一些对手机有囤货需求的黄牛，就会在正常的预售系统以外，向借钱炒手机的或者订了手机又不想要的人高价收购。这种绕过正常的交易系统，由买卖双方在系统以外自由交易的，就叫暗盘。

有些公司上市了以后也会通过暗盘交易来提升自己的估值。毕竟暗盘系统里，买家、卖家的身份都不会公开。

所以不要盲目地追高跟投，懂了啵？

63. 什么是侧袋机制

老婆，什么是侧袋机制啊？

举个例子，假如我把你藏在家里挂画后面的 2 万元全买成了股票，其中 1 万元买医疗器械，1 万元买白酒。结果发现，白酒不涨不跌，医疗器械直接跌停。然后你发现自己的私房钱没了，来问我要，我该怎么把钱还给你呢？

这个时候，我就得把医疗器械和白酒分开来，装在两个不同的塑料袋里。装着白酒的这个塑料袋呢，就叫主袋账户。你是想提现还是想继续交给我打理，完全看你的心情，我不做干预；但是装着医疗器械的这个袋子，你就算想提现也拿不到钱。因为我不知道它会有几个跌停，假如报少了呢，那我这个打理人要亏；假如报多了呢，你这个投资人要亏。所以最好的办法就是等我把所有的医疗器械给卖掉，到时候 3000 元也

好，5000 元也罢，你才能自由地提取或者继续交给我来打理。医疗器械在的这个塑料袋，叫作侧袋账户。这种玩法呢，就叫作侧袋机制，懂了啵？

懂了啵？

61. 什么是净值型产品

老婆，什么是净值型产品啊？

　　就是告诉你，这玩意儿你得自负盈亏。哪怕它是从银行这种大机构里放出来的，也可能会让你亏到本都收不回来。

　　过去很多人都喜欢买一些大机构发行的"某某一号"固收产品，倒不是因为它们赚得多，而是因为它们赚得稳。毕竟这类产品的介绍里往往都会带上"保本保息"的字样,这就等于明摆着告诉你:投我 10 万元,明年一定可以拿到 11 万元。

但其实这些机构自己在投资方面也并不专业,所以他们在拿到了大户的钱以后,可能转手就交给了外面的投行去打理,自己则在中间抽个头。而外面的投行,野路子实在太多,亏损是常有的事。甚至有很多小公司,年头开,年尾就跑了。这就苦了那些发行保本保收益的大机构,他们只能自掏腰包来给顾客发钱。演变到后期,他们只能拆了东边大户的资金去补西边大户到期的收益。这种玩法,就叫作资金池。

后来有些资金池的窟窿越来越大,甚至让大机构都差点破产。上面一看,这风险也太大了。自古以来,也没哪门子生意说是稳赚不赔的。所以新规出台,保本保息和预期收益慢慢走向历史,未来自负盈亏的净值产品将会越来越多,懂了啵?

懂了啵?

65. 什么是基金募集期

> 老婆，什么是基金募集期啊？

举个例子，假如我要发行一款新的基金，是专门投资水果的，那从我这个方案被批准到真的去买水果之前，会有一个专门给我募集资金的时间，大概 3 个月。

在这个时间段里，你申请要买我的水果基金，就叫认购。

因为这个时候你还不知道我有没有本事，投我纯粹是因为信任，所以不算手续费的话，我一般只会象征性地收你 1 元钱一份基金（净值 1 元）。等规定的时间到了，上面就会派人下来审计、验资，看看我募集到的钱有没有达到当年计划书里的金额。只有到了那个位置，基金才能成立，我也才能拿着大家的钱去买水果。

这个买水果的过程又会花上 3 个月左右的时间。而且在买水果的过程中，你不能要求我把钱给吐出来。

所以过去很多人都会劝你买新基金，说什么新基金的价格低、潜力大。但我觉得，也许在某些层面上，新基金的风险也要更大一些。毕竟谁都不能保证 3 个月以后市场会变成什么样子；同时，也没有人能保证这个初生牛犊真的就能扛起风浪、让你稳赢，懂了啵？

懂了啵？

66. 什么是逆回购

趣解名词
104 / 105

老婆，什么是逆回购啊？

我给你打欠条（国库券），你把钱借给我，那我就是在做正回购（吸钱）。

但是我最近手头有点儿紧。

那你把欠条抵押给我，我把钱借给你，到时候你要记得连本带利地还给我，这样我就是在做逆回购（放钱），懂了啵？

懂了啵？

67. 什么是定向增发

举个例子,你想做一块很大的蛋糕,可是你自己却没有钱,于是你偷偷地(非公开)向隔壁的小伙伴筹钱(不超过35个),告诉他们等蛋糕做好了会有他们的一份,但前提是在蛋糕做好之前,谁都不可以在中途把钱拿回去(封闭期)。

那些小伙伴一听肯定不乐意了,若是有什么突发状况,岂不是没法儿"跑路",只能眼睁睁地看着自己被宰吗?

所以你就安慰他们,说现在普通人买你一块蛋糕需要10元,而他们只需要8元就可以了,等到蛋糕卖15元一份的时候,他们就会比别人多赚2元,这种融资的方法就叫定向增发,懂了啵?

68. 什么是印花税

> 老婆，什么是印花税啊？

　　印花指的是在文件上盖的印章。而印花税，就是盖的这个章需要缴纳多少钱。只有交了印花税的才能证明这笔交易公平有效，受到法律的保护。

　　现在世界各地有很多地方都已经慢慢地取消了印花税这个税种，咱们中国市场也是从买卖双方都要交，变成了现在卖方交个 1‰ 意思意思就行了。

　　相信过段时间，印花税就会成为历史，懂了啵？

懂了啵？

69. 什么是除权

> 老婆，什么是除权啊？

就是为了让更多的人买得起一些单价比较贵的股票，把1股拆成若干股的奇葩操作。

举个例子，假使原先买1股需要100元，可是没有多少人买得起，于是上市公司就把1股拆成10股，那你就可以用10元买到他的1股，大大地降低了投资的门槛。

这种不影响总量，把蛋糕切成更小份的操作就叫作除权，懂了啵？

懂了啵？

70. 什么是不良资产

老婆，什么是不良资产啊？

就是你向银行借钱，但是你必须抵押个东西在那儿。比如你的车子、房子之类的，如果到了时间你还不上钱，那你的这批抵押物就会成为这家银行的不良资产，银行就会打个折（很低）把你的东西给卖掉换钱。

但是你要知道，普通老百姓能够接触到的不良资产，都是那些连银行或者资产管理公司的内部人员都啃不下来的硬骨头，你要是没有一定的社会关系和打长期战的心理准备，最好不要去动这些不良资产，懂了啵？

懂了啵？

71. 什么是对赌协议

老婆，什么是对赌协议啊？

举个例子，假如你想开个饭店，但是你又没有钱，而我是个投资人，可以投资你，但是我又不想亏钱。

所以我跟你打了个赌：如果你在半年之后实现不了现在对我做出的业绩承诺，那你就得连本带利地把钱吐出来；如果你实现了业绩承诺，那我可以帮你融到更多人的投资。

这种让你背负上业绩压力的协议，就叫作对赌协议，懂了啵？

懂了啵？

72. 什么是 BP

老婆，什么是 BP 啊？

你可以把 BP（Business Plan，商业计划书）看作一份企业的"简历"。这种简历一般分为三个档次。

档次最高的就是主推财务指标（赚多少钱），也就是告诉你，我已经可以赚钱了，你要是不投资我肯定会后悔的。

第二个档次就是主吹运营指标（活跃用户），也就是告诉你，我现在可能会是亏钱的状态，但是我手上有很多忠实的用户，以后肯定能够赚钱的。

第三个档次则是我既没有钱也没有忠实的用户，只能吹吹行业的未来或公司的愿景之类的，网上有很多这类的 PPT 模板，你只要改一改就可以用了，懂了啵？

懂了啵？

73. 什么是对冲交易

老婆，什么是对冲交易啊？

举个例子，夏天到了的话，可乐肯定卖得比冬天要好。于是我用 30 元进了一箱可乐（-30 元），顺手再以 30 元的价格预售了一箱果汁（30 元）。

一个月过后，假如饮料市场真的涨价了：果汁涨了 30%，那我就是自贴 9 元，等于赔了 [30 -（30×30% + 30）= - 9]；可乐涨了 50%，那我就赚了 15 元（30×50% + 30 - 30 = 15）。这样我就能赚取中间差 6 元（15 - 9 = 6）。

但如果受大环境影响，饮料价格跌了：果汁跌了 30%，现价变成了 21 元（30×70% = 21），但我已经收了 30 元的果汁定金，所以相当于赚了 9 元；可乐跌了 10%，现价变成了 27 元（30×90% = 27），而之前我已经以 30 元的售

价采购过了，所以相当于赔了3元。这样我依然能赚取中间差6元（9-3=6）。

这种通过牺牲一定的可能利润来换取抵御部分风险的玩法，就叫作对冲，懂了啵？

74. 什么是应收账款

老婆，什么是应收账款啊？

就是你应该收回来，但实际并没有收回来的钱，你可以理解为赊出去的账。

有的企业会在这种账面上做"小文章"。比如咱俩约定好，今年我"卖"你100吨钢材（压根儿没实物），你到明年的时候再"退还"给我，那今年年底的时候，我就可以用应收账款来上报销售利润（面子好看）。到了明年的时候，我又可以填一张退货单，悄无声息地把账"做"回来。

但是这种做法一旦被揭发，做"小文章"的人就会被扣上操作利润的帽子，并且会受到一定的处罚，懂了啵？

懂了啵？

75. 什么是反担保协议

老婆，什么是反担保协议啊？

如果你向银行借钱，一般很难批下来，有时候就算批下来了，额度也非常小。那是因为银行看不上你抵押的房子或车子，有时候你的抵押物可能远远超过了你的贷款金额，但是他们依然会以你还不上钱为理由来搪塞你。

这个时候就会有一些实力雄厚的担保公司来找你，为你做担保，他们会跟银行说，你要是还不上钱，他们会帮你还。这些担保公司往往既有钱又有资源，银行一般也都会卖他们（资质）个面子，把你要贷款的金额足额地给你批下来。

但天下没有免费的午餐，这些担保公司为你做担保，只是因为还要和你签另外一份协议，也就是反担保协议。

虽然他们给你当保人为你担风险，但实际上你们并没有血缘关系，万一你跑路了，对他们来说是个巨大的损失。因为这个风险的存在，你就得为他们给你做担保这件事再做个担保（套娃担保），所以付了担保费用以后，你还需要将另外一套资产抵押给担保公司。这个过程完全合法（《中华人民共和国民法典》第六百八十九条），懂了啵？

懂了啵？

76. 什么是过桥

老婆，什么是过桥啊？

就是有些人开公司需要向银行借钱，但是往往到了还钱的时候并不一定有那么多钱还给银行。这个时候就会有第三方金融机构，也就是大家在外面看到的某某资产管理有限公司，站出来帮这些资金周转比较困难的老板凑齐钱还给银行。

这时候，银行会觉得原来你还得上钱，说明你公司的经营状况还不错，那今年给你的贷款也可以顺利地批下来（续贷）。这时第三方金融机构就会在你批下来的贷款里抽一笔钱走人。他们像是新贷款和旧贷款之间的一座桥梁，让你顺利地贷到款并让你的公司继续运转下去。

所以你会发现很多小老板，每年总有那么一个月非常焦虑，总会把裁员或者末位淘汰制挂在嘴边，但是过了那个月，他们又变得非常好说话、很大度。如果你遇到了这样的情况，就说明你们公司很有可能正处在过桥的阶段，懂了啵？

懂了啵？

77. 什么是劣后资金

> 老婆，什么是劣后资金啊？

举个例子，你和朋友合伙开公司，假如亏了一半的钱，那你到底是先亏朋友的那一半还是先从自己的那一半下手呢？

当然是先亏自己的钱了。

但是很多人都习惯性地先亏掉朋友投资的那笔钱。所以一些有钱人在和别人合伙的时候，都必须在合同里标明到底是谁的钱在"兜底"，也就是谁是劣后资金。

假如我有10万元，需要你投40万元，我答应你在一年以后连本带利地给你50万元。假如一年以后公司赚了100万元，那50万元归你，剩下的50万元就归我；但若是一不小心公司亏到只剩下30万元，那我砸锅卖铁也得给你40万元的本金。

这种赚了你先分、亏了算我的钱就叫作劣后资金，懂了啵？

懂了啵？

78. 什么是金字塔持股

老婆，什么是金字塔持股啊？

　　现在不少已经做大的企业，曾经都是夫妻两人白手起家，吃尽了苦头才好不容易打拼下来的。但是能一起吃苦不代表可以一起享福，现在许多创业夫妻走到最后，往往都是以不欢而散为结局的。原因仅仅是因为两个人意见不合，但偏偏两个人的持股比例又差不多，所以谁都控制不了谁，一旦闹起来，要么是锁门，要么就是抢印章，往往一家好好的公司就这么被折腾黄了。

　　想要解决这样的问题，可以在公司的股东里再注册一家新的公司，让新公司牢牢掌握旧公司的控股权（持股比例最大），夫妻两个人可以在这家新公司里"神仙打架"，只要

有一方占到1%的优势，就可以轻松拿回旧公司的掌控权。

也有一些老板怕一直融资会导致股权稀释，所以他们会在新公司的股东里再注册一家公司（类似于套娃性质），一层一层地往上叠。这样虱子多了也不怕咬，即便投资的人越来越多，也影响不到老板对原公司的掌控权。这样一个像叠罗汉形式的股权架构就叫作金字塔持股。

当然也会有一些不愿意露面的幕后大佬，他们会在每一层的公司里安插自己的亲戚、朋友，从而达到对最低端企业的隐性控制，懂了啵？

79. 什么是风险敞口

趣解名词

老婆，什么是风险敞口啊？

举个例子，假如我买了辆 30 万元的车，把它租给你开几年。如果你很爱惜这车，那等你还回来以后我还能卖 15 万元；但假如你不好好爱惜它，把它撞得乱七八糟，那等你还回来以后我顶多只能卖 7 万元。这中间相差的 8 万元就叫风险敞口。我到最后能不能拿回来这笔钱，得看你这个人的人品了。

假如这个人人品不行，能有什么办法补救吗？

有两个办法，一个叫对冲风险，一个叫担保余值。
我事先去找你的好兄弟老王，我出 3 万元，他出 10 万元，来猜你会不会爱惜车子。假如我猜你不会爱惜,那到时候车卖了15万元的话,我就输他3万元,到手12万元;但是假如到时候车子只卖了7万元,那我就能赚到老王的10万元。这种牺牲一点儿利润去抹掉风险的玩法,就叫对冲风险。

当然啦,我也能在租车给你的时候,在合同里加一条"担保余值"的条款。比如,如果我事先写了"担保余值15万元"的话,哪怕以后这车只卖了7万元,你也得自掏腰包把风险敞口的8万元给我凑齐,懂了啵?

80. 什么是董秘

　　董事会秘书，简称"董秘"。你可以把他理解成公司和资本市场之间的润滑油。

　　一般来说，董秘的工作主要分为两大块。第一大块是对内。你毕竟是公司董事会选出来的高管，在大股东、老板、董事会、监事会这些人和部门之间，你得充分润滑，既要扮演好传话筒的角色，又要考虑到各位领导之间的脾气性格，谁都不能得罪。此外，组织开会、管理资料这种事情也是由你来负责的。虽然看上去很杂乱，但你必须小心翼翼，毕竟关乎的都是公司里的最高机密，任何差错你都承担不起。

　　第二大块是对外。你不但得应对证监会的各种要求，还得和广大的投资者平心静气地扯皮。在这个过程中，但凡你讲错了一句话、披露慢了一条信息，可能轻则罚款，重则进班房。又因为你是公司的**象征**，所以股价上涨的时候你风光无限；股价下跌的时候，你就是被钉在耻辱架上的背锅侠，可以说是相当憋屈。

有些董秘还得去分管一些其他事情。比如公司管理、出去拉**融资**。每个董秘也因为自己圈子、能力的不同，有着不同的**身价**。身价高的可能一年 700 多万元，低的可能也就二三十万元。到这个分儿上，性别也好，外貌也罢，都已经没什么意义了。赚多赚少，还是得看个人的能力。

懂了啵？

81. 什么是大小非减持

> 老婆，什么是大小非减持啊？

举个例子，假如咱俩一起去卖包子，结果生意越做越大，不但招了员工、开了分店，还把整个品牌做成了上市企业，发行了 1 亿股的股票。这个时候，咱们包子铺的总股本就是 1 亿股。

这 1 亿股里面分成了两部分：7000 万股是送到交易所去的，供外人自由买卖，这个市场叫二级市场，这 7000 万股就叫流通股；而剩下来的 3000 万股，是咱俩自己囤起来当福利塞给那些揉面团、捏包子的老伙计的，不能拿到二级市场里去卖，这些就叫作非流通股。

在非流通股的股东里，手上有大于500万股的就叫大非，小于500万股的就叫小非。他们拿到这些股票的价格都很低，几乎等于不要钱。但是新股你懂的，上市以后价格翻个10倍8倍的很正常，于是这些做白案的大师傅，一下子都成了千万富翁。

在几千万面前，你和他们讲公司的理想已经没有用了，什么长期发展、市值稳定统统无效，唯一能让他们继续安心干活儿的办法就是把这些股份锁上个一年到三年，其间不许进入二级市场流通。这个锁定的时间，就叫作禁售期。等这个时间一过，大师傅们的股票能立刻抛出去了，这就叫解禁。然后他们真的把股票都抛出去换钱的这个动作，就叫减持，懂了啵？

懂了啵？

82. 什么是阴阳合同

老婆，什么是阴阳合同啊？

就是针对同一件事情签两份以上的合同，能拿出去给大家看的或者能拿去备案的就叫阳合同，私底下约定的呢就叫阴合同。

一般阴阳合同有两种形式：第一种叫先阳后阴，也就是利用时间差，在签阴合同的时候把阳合同里的某个条款给修改或者作废掉；另一种是补充协议，比如买二手房的时候，50万元房款网签备案，但不备案的装修补偿款、家具转让费等这些加起来能过300万元。

那娱乐圈里签的是哪种呢？

是第二种的升级版，叫作业务分拆。

举个例子，假如我是个大明星，那我就先去西藏注册一家工作室，你可以以500万元签我，但想要签我的工作室最起码得需要3000万元。这500万元的个税我是逃不了的，但3000万元里的花头也足以让我赚得盆满钵满。

对于百万元以上的收入，个税的税率是40%到45%，而企

业所得税一般只收 20% 到 25%。也就是说，从工作室的账上走，我几乎能省掉一半的所得税。而且个税能抵扣的只有速算扣除、房租学费这些，顶多几万元，而企业所得税是按照利润算的，也就是说，我可以大大方方地把几百万元的员工工资，几千万元的别墅、豪车全部扣掉，再拿余额来算企业所得税。

若是碰到地方上招商引资的，我还能再少交点儿钱；碰到会玩的，还可以把利润投到自己的火锅店里走一圈，钱就更干净了。

一般来说，阴阳合同的签订，其目的是少缴税金，偷逃阴阳合同间高低价款之间差额应缴的税款，造成了国家税收的大量流失，是一种损害国家利益的违法行为。

懂了啵？

83. 什么是企业年金

老婆，什么是企业年金啊？

　　一般正规公司会帮员工交五险一金，其中有个叫养老保险的，员工只要交满15年，退休以后就能每个月都拿到养老金。但是有些单位觉得这样做还不够，他们往往会帮员工在基本的养老保险以外再存一笔钱去打理，等员工老了以后就能拿到两份养老金，轻轻松松月入过万。这笔额外的养老钱，就叫企业年金。

　　企业年金的缴存比例是公司和员工商量着定的，有1:2的，也有1:4的，但是两边加起来不能超过员工工资的12%。一般来说，比较常见的是员工拿出工资的4%（因为再多就得多交税），单位会帮他交上8%，凑在一起千把块钱，直接从公司的账上扣掉。

　　然后这笔钱就会被交给专业的投资公司打理，当然，买的都是风险比较小的产品，本金一般不会受到太大的影响。等员工退休以后就可以按月，也可以按年、按季度去取钱，剩下的本金和利息会依然躺在那个池子里赚钱。

那我可以一次性把钱全提出来吗？

也行。但前提是你得退休或者出国移民、丧失劳动力甚至死亡。不过我不太建议你一次性提出来，因为提这个钱是要缴税的，一次性提得太多可能得交 40% 的税。

而且你一定要注意，我说的年金是公司缴纳、银行保管、人保（中国人民保险集团股份有限公司）备案的那种企业年金，你可以在银行系统上直接查到账户，本质上是赚公司的钱，利率其实并不高。

而现在有些保险公司会打着一个叫"年金险"的旗子到处卖理财产品，这个和你们单位就没有任何关系了。你既赚不到公司的钱，也不能保证资金的灵活性，充其量只能算是每个月逼自己存款，意义真不大，懂了啵？

84. 什么是权益乘数

老婆，什么是权益乘数啊？

三军未动，粮草先行。假如你想开一家公司的话，那在赚钱之前，你得先做好花钱的准备。这笔提前花掉的钱，一般只从两个地方来。

一个是投资人给。他用钱买你公司的份额，和你一样是老板。赚了钱一起分，欠了债一起还，平时也不能随便抽出去。还有一种钱是借来的，银行也好，朋友也罢，他们只能算是公司的债主而不是公司的老板，所以虽然没人跟你分蛋糕，但是用起钱来也没那么痛快。

毕竟大多数借款都有利息，你得保证公司一上来就赚钱，而且赚的要比利息高。除此以外，这笔借来的钱还容易被债主莫名其妙地抽回去。原因可能只是你抵押的房子降价了而已。

所以只要用公司的总资产去除以股东的钱（所有者权益），就能得出你们公司的"风险系数"，也就是权益乘数。

举个例子，假如你开了家水果店，自己投了100万元，又跟银行借了50万元，那你的权益乘数就是1.5[（100+50）÷100]。这个数值越高就说明你们老板实权越小，他就越可能为了利润而不择手段、没有远见。如果大环境出现了变化，这家公司也最容易关门，懂了啵？

85. 什么是结构性存款

> 老婆，什么是结构性存款啊？

如果你现在把私房钱存到银行，活期的利息只有3‰，定期的话，存满一年才一点几，可以说是相当憋屈了。但你又不会玩理财，可能两三个月就把本金亏完了，所以还不如把这笔钱交给我来打理。

我会先帮你把90%的资金存起来，至少保证年底的时候这90%的资金加上利息能赶上你交给我的全款；剩下10%的本金，我就帮你扔到高风险、高收益的投资里搏一搏，说不定能赚到两三倍的钱。这种玩法，就叫结构性存款。

过去很多有钱人比较聪明，他们会先找家小银行，买个几千万元的结构性存款，然后再拿着这笔钱做保证金，质押结构性存款来开汇票，等汇票到手以后，他们就会立刻贴现，然后再把这个流程重复很多次。

因为贴现的手续费往往小于结构性存款的利息，所以他们几乎零风险地赚到了银行很多钱。而银行呢，因为能拿结构性存款

来完成任务指标，也就睁一只眼闭一只眼。但是这种吹泡泡的作弊模式，从2019年开始就被上头逐渐叫停了。所以你现在很难再看到有人敢这么玩啦，懂了啵？

懂了啵？

86. 什么是七日年化收益率

老婆，什么是七日年化收益率啊？

就是从昨天开始算，你最近一个礼拜（含双休日）能赚多少钱。然后把这个数字拉长到 365 天的维度上，预测一下今年能赚多少钱的指标。

举个例子，假如你看到某只基金的七日年化收益率是 6%，那就代表，如果你在 8 天之前买了这只基金 1 万元，那从你买了这只基金以后的第二天到昨天，这 7 天的时间里，你一共能够能赚到的钱，是用 1 万元乘以 6%，再除以 365 天，得出平均每天能赚到的钱约为 1.6 元。然后拿这 1.6 元乘以 7 天，得出的最后结果约是 11 元。

但是你要知道，七日年化收益率是建立在过去 7 天的数据之上的，它只能代表过去，和未来没有太大的关系。也就是说，哪怕你在各种软件上看到那些加红加粗的七日年化收益率能达到 80%、100%，也没必要脑袋一热就把自己的全部家当都押在这只基金里头。

毕竟在绝大多数的情况下，这个指标只是为了博你眼球，压根儿就没有什么现实的意义，懂了啵？

87. 什么是创业板的注册制

老婆，什么是创业板的注册制啊？

在过去，假如你想在创业板上市，那就和小学生想出去玩一样，得先通过证监会的严格审核（核准制，即发行人在发行股票时，不仅要充分公开企业的真实状况，而且还必须符合有关法律和证券管理机关规定的必备条件）。

证监会会规定你必须盈利，必须有 23 倍的市盈率发行价限制（防止发行价过高），在上市第一天不能太疯、最多只能有 44% 的涨幅等。基本上各种硬条件走下来，很多草根公司就都被拦在门内，上不了市。

所以在过去，一旦上市公司出现亏损，背锅的都是证监会——谁让这公司是你放出来的呢？

而注册制则像去人才市场找工作，只要你把我需要的材料准备齐了就能过审上市。你现在是亏着钱也好、发行价过高（超募）也好，我都不会管你，甚至在上市后的前 5 天里不给你设置涨跌幅的限制。

总之，公司的评价、估值的高低全部交给市场自行判断。市场觉得这家公司好，它的股票就涨；市场觉得这家公司不好，就让它立刻退市。这种把上市公司完全丢给市场的玩法，就叫注册制，懂了啵？

懂了啵？

88. 什么是 QFII

> 老婆，什么是 QFII 啊？

  QFII（Qualified Foreign Institutional Investor）指的是合格的境外机构投资者，也就是能够投资咱们大 A 的有钱外方。一般 QFII 会以各种各样的公司形式出现，像什么基金公司啊，证券公司啊，保险公司之类的。

  过去他们不但需要先通过中国证券监督管理委员会（以下简称证监会）和国家外汇管理局（以下简称外管局）的双重考核，还得在国内找家银行开户，把外币换成人民币。再找家国内的券商开户，委托他们帮自己进行买卖股票的操作。可以说一举一动都处在多方的监管之下。

  但从 2020 年 5 月 7 日开始，咱们对这些外方的限制放开了。他们不但没有了投资额度上的限制，还可以自由选择汇入、汇出的币种和时机。

这反而引起了这些外方的警觉。毕竟突然放宽门槛，总有点儿要割洋韭菜的意思。所以直到现在，外方还徘徊在大 A 门外，不太敢进来。但即便如此，那些渗入内地的热钱（Hot Money，指游资或投机性短期资金），已经在一直很平静的大 A 里掀起了不小的波澜。

未来，肯定会更加精彩。

懂了啵？

89. 一级市场和二级市场究竟是什么

> 老婆,一级市场和二级市场究竟是什么啊?

　　一级市场,就是你直接去购买未上市公司抛出来的股权;二级市场,则是你通过一些股票软件去购买那些小散户抛出来的股票。

　　懂了啵?

懂了啵?

90. 普通股和优先股有什么区别

老婆,普通股和优先股有什么区别啊?

优先股,就是等到年底分红或者破产清算的时候,这些持股者都能够排在你前面拿好处,而且这个好处一般都能保质保量。

普通股呢,就是你得等别人吃完了再上桌,看看还剩多少就分多少,懂了啵?

懂了啵?

91. 公募 REITs 究竟是什么

> 老婆，2020 年 4 月 30 日试点的公募 REITs 究竟是什么啊？

以前的 REITs（Real Estate Investment Trust，不动产投资信托基金）指的是通过投资办公楼，再用办公楼的租金来赚钱的房地产基金，但充其量也只不过是商业地产。

2020 年 4 月 30 日开始试点的公募 REITs 则可以让你以老百姓的身份，通过国内的基金平台直接参与到国资的大基建项目里。比如说一些收费公路、机场，北上广深的工业园区等，你都可以直接参与进来，并且可以和公家一起获得分红。这样你就可以直接吃到一线城市的建设红利了，懂了啵？

> 懂了啵？

92. 沪深 300 和上证 50 有什么关系

> 老婆,沪深 300 和上证 50 有什么关系啊?

沪深 300 就像两所学校(上海证券交易所和深圳证券交易所)组织一场联考(规模、流通性),从中选出的最优秀的 300 名学霸(优质股票)。

而上证 50 就好比其中的一所学校(上海证券交易所),自己单独组织一场更困难的考试,从中再选出的 50 名学神(白马股)。

所以说上证 50 是沪深 300 中的精英,懂了啵?

懂了啵?

93. 专用发票和普通发票有什么区别

老婆，专用发票和普通发票有什么区别啊？

　　一般你去商场里买衣服，都会看到发票是这么写的：总价226元，里面衣服成本200元，增值税26元。这就是普通发票(以下简称普票)。如果以后你要把这件衣服以300元的价格卖给别人，那可千万别忘记再收他个39元的增值税。

　　但假如你是个批发商，就可以要求服装厂给你开专用发票（以下简称专票）。一件进价113元的衣服，你可以向消费者收226元，却只需交13元的税，因为另外13元的税钱可以通过专票给抵扣掉。

那普票就是用来坑人的呗？

当然不是。首先，能用专票来抵扣增值税的都是大企业，一般的小公司和个人就算拿了专票也没啥用。其次，你报个公司抬头，普票当场就能打出来；而开一次专票，和做个公司普查一样，手续实在太多、太麻烦。最后，假如卖你衣服的店家开的是普票，那它还有机会凑一拨免税的福利；可它一旦给你开了专票，这笔税基本就躲不开了。

所以，即便是可以用专票抵税，很多大企业也不会主动去要。直接在售价里让点儿利润，才是双赢的策略，懂了啵？

91. 支票和汇票有什么区别

老婆，支票和汇票有什么区别啊？

举个例子，假如我欠你 50 万元，支票呢，就是我在银行里存了 100 万元，你拿着我开的条子直接去银行取 50 万元出来（见票即付）。

汇票呢，就是我暂时还不上钱，但为了让你放心，我就拉着我闺密或者银行向你承诺，到期以后你也别找我，直接找他们要钱就行（承兑）。

如果是银行签发的汇票，你还能在到期之前卖给银行，拿回本金和一部分的利息。这个过程就叫 贴现 ，懂了啵？

懂了啵？

95. 等额本金和等额本息有什么区别

老婆，等额本金和等额本息有什么区别啊？

假如我借你 10 万元，要你在十个月里还清，月利息是 1%。等额本金就是每个月你都得还我 1 万元的本金。第一个月的利息是拿 10 万元乘以 1%，为 1000 元；因为本金只剩下了 9 万元，所以第二个月的利息就拿 9 万元乘以 1%，为 900 元。以此类推，等到第十个月的时候，你的本金只剩下 1 万元了，所以只需要还 100 元的利息就可以。这样算下来，你一共要还的利息就是 5500 元。

等额本息就相对麻烦一点儿。它会统筹一下，把所有的利息和本金均匀地撒到每个月里，让你每个月要还的本息（本金和利息的总和）都是一样的。这样你第一个月要还的钱，肯定就不会有 11000 元那么多（11000 元是等额本金要还的数额），压力也就不会那么大。但是因为前头几期还得少，所以你积压的本金利滚利，要还的利息总额也肯定要比 5500 元高一些。也就是说，你每个月连本带利还我 10550 元左右就行。第一个月还我的是这个数，第十个月

还我的还是这个数。

　　所以单看利息总额的话，等额本金肯定是要小于等额本息的。但在现实生活中，对于很多人来说，等额本金前几期的压力会很大，有这钱还不如直接全款来得划算。所以一般按揭的人都会选等额本息——反正欠钱的才是大爷嘛，懂了啵？

懂了啵？

96. 净利润和毛利润有什么区别

老婆，净利润和毛利润有什么区别啊？

这么说吧，毛利润就像小学生，净利润则是中学生。举个例子，假如我是做薯条生意的，买土豆和油这些原材料花了我1万元，请师傅的工资支出是5000元，结果薯条卖光了，收回来50000元，那我的毛利润就是35000元。

这35000元当然不能算我最终赚到的钱，毕竟我在做薯条之前得研究研究怎么炸薯条吧；研究的过程中，肯定会有损耗吧；研究出来了以后，得多搞点儿摊子吧；摊子出来了以后，我肯定还得去做点儿广告布蒙在小推车上吧。

假设这些杂七杂八的钱一共花了我5000元，不过我平时也卖卖装

土豆的纸箱来赚点儿小钱，每个月就算它100元吧，那我的利润总额就是30100元。这个时候，我赚了钱得交企业所得税吧？如果这个税率是20%的话，那我的净利润就是用30100元的利润总额去乘以80%，得到24080元。

那有没有大学程度的啊？

有啊。比如我今年账面上赚了500万元，但实际上是因为买彩票中了1000万元，做生意亏了500万元。那这1000万元的进账，就叫非经常性损益。把这笔钱扣掉，我的净利润就叫扣非净利润。它是负的，就代表你投得越多、我亏得越多。

再比如，其实我压根儿就没去做薯条，只不过收购了薯条摊子60%的股份，那我给你看的净利润里，你能动的，也就只有六成而已。这个就叫归母，懂了啵？

懂了啵？

97. 管理费和托管费有什么区别

老婆，管理费和托管费有什么区别啊？

举个例子，假如你每个月都把工资交给我来打理，那你第一个担心的问题绝对不是我能不能赚钱，而是我会不会把你的本金给偷偷花掉（即本金安全）。解决这个问题的办法就是把你每个月的工资都存在银行里，然后由我直接给银行下指令，它再根据我的指令来买买买。这种把决策和执行分开的玩法，就叫资金托管。

所以你买了基金以后，每年都要扣两笔钱：一笔叫管理费，是付给基金公司的，为他们动的脑子而买单，这笔钱可能是固定的也可能是浮动的，各家有各家的算法；一笔叫托管费，是付给银行的，为他们帮你保管这笔资金而买单（还有一笔费用叫作销售服务费，但是大多数情况下都是0，所以这里不表，但是也希望大家能够知道存在这个费用的科目）。

　　无论结果是亏是赚，这两笔钱都省不了，懂了啵？

98. 股息和红利有什么区别

老婆,股息和红利有什么区别啊?

假如咱俩是同一家公司的股东,但我是当年和老板一起打天下的,所以手上有优先股;而你是在公司上市以后才加入的,所以手上只有普通股。那么在今年听老板做汇报的时候,咱俩受到的待遇可就不太一样了。

老板在讲完去年赚了多少钱、账上还剩下多少钱以后,

一般都会提到今年要拿多少钱出来分给股东。这个时候你先别高兴，因为他得先紧着我们这帮优先股的老伙计"发利息"：也就是按照一个浮动不会太大的比率来给我们发现金或者发新股。有时候也会给普通股的股东们象征性地发点儿股息，但大头绝对还是优先股的股东拿着。

只有等股息全部发完了，老板才会把剩下的利润搅和搅和，按照红利的名头发给普通股股东，也就是广大的股民。既然是剩下的嘛，那可发可不发，剂量也是可大可小的。

甚至有些很不上路子的老板还会去外面借钱来给你分红。因为他虽然借了10元，但今天只需要分给你1元的红利，他自己能拿走9元的股息，等到要还钱的时候，大不了再让股价跌一跌呗，公司高管又没什么损失，懂了啵？

懂了啵？

99. 期股和期权有什么区别

老婆，期股和期权有什么区别啊？

举个例子，假如现在有一个地段超赞的楼盘项目正打算开始建房子——

期股就是**提前按揭**，你得先拿出一笔钱来付首付，然后每个月还钱给银行，等你把钱还清的那天，甭管这套房子盖成了烂尾楼还是海景别墅，都归你了。

期权就是**排队取号**。先给你发个号牌，到时候房子建好了，你可以凭着这个号码牌过来用 1 万元每一平方米的价格买房子。到时候你可以选择弃权，也可以选择行使这个权利。

在公司的股权激励里，期股就是你得先花一笔钱把股东的**坑位占好**，然后每年从公司给你发的奖金和分红里拿一部分出来"还债"，等七八年以后"债务"还清，你就是这家公司的股东了。不过你一旦上了期股的车，就没有了退出的权利。

而期权则是老板先给你个承诺：现在好好干，等三四年以后，你可以按照1元的价格去买公司市值两三百元的股票，到时候你可以按照公司那时候的经营状况来选择花不花这笔当股东的钱，懂了啵？

100. 折价率和溢价率是什么意思

趣解名词

老婆，折价率和溢价率是什么意思啊？

假如我是个卖香蕉的，进价是2元一斤。但是现在市面上香蕉卖不动，价格被砸到了1元一斤。那这时候，香蕉就是折价的。折价率就是拿进价减去市价再除以进价，得出来0.5。但是如果市面上香蕉热销，价格又被哄抬上去，涨到了3元一斤的时候，香蕉的折价率就变成了-0.5。这种情况叫溢价。也只有溢价出现的时候，我这个中间商才能赚到钱，这时候的溢价率就是0.5。

其实很多基金就是那个卖香蕉的中间商。当一个基金的折价率很高的时候，你买它就能捡到漏，因为市场总能回归

理性，被低估的价格往往也会回归正常。而当一个基金的折价率太低，低到小于0还不停往下走的时候，那它的水分就越来越大了，你得考虑一下是不是要"落袋为安"、拿钱走人。

如果玩得再狠一点儿，你也可以套利。还记得我和你讲过的 ETF 吗？就是那个可以用股票来换（申购）的基金。当折价率是正数的时候，你可以赎回 ETF 换成股票，再把股票卖了赚钱；当折价率是负数的时候，你可以按照 PCF（Portfolio Composition File，申购赎回清单文件）买好股票换成 ETF 再卖了赚钱。当然，这需要你有很快的反应能力和庞大的资金量，所以一般都是专业的人在操作，懂了啵？

101. 股价是怎么算出来的

老婆，股价是怎么算出来的呢？

上海证券交易所（以下简称"上交所"）正常交易时间：每周一至周五，9时30分至11时30分，13时至15时。

深圳证券交易所（以下简称"深交所"）正常交易时间：每周一至周五，9时30分至11时30分，13时至14时57分为连续竞价时间，14时57分至15时为收盘集合竞价时间。

此外，在每个交易日上午的9时15分至9时25分，系统会自动按照能够成交的最大有效委托单量进行集合竞价。9时30分以后，进入连续竞价阶段，即本文所述之阶段。

知道拍卖吧?

一个花瓶,谁出价高谁就能把它拿到手(这里指的是连续竞价中买方开出的买价)。

知道竞标吧?

我想要一个花瓶,让各个窑厂给我报价,谁报的价格低,我就买谁家的花瓶(这里指的是连续竞价中卖方开出的卖价)。

股票呢,就是"拍卖+竞标"。

也就是先撮合报价最低的花瓶卖家和出价最高的买家交易,举个例子:

如果这时候两边的出价都是10元,那花瓶的成交价就是10元(买价=卖价);如果卖家中最便宜的花瓶要9元(即时揭示的最低卖出申报价格),而你愿意花11元去买(买入申报价格),那成交价就是9元(即时揭示的最低卖出申报价格);如果买家里最高的报价是12元(即时揭示的最高买入申报价格），而你愿意仅以 8 元（卖出申报价格）就卖掉一个花瓶，那最终的成交价就是 12 元（即时揭示的最高买入申报价格）。

　　这些花瓶的实时成交价格，就是花瓶的股价，懂了啵？

102. 猫猫币、狗狗币到底是什么东西

老婆，那些猫猫币、狗狗币到底是什么东西啊？

咱们大多数人用的钱都是每年由国家印发的。但某些大洋彼岸的国家实在不像话，喜欢乱印钞票。于是就有一帮人忍无可忍，自己研发出了一套虚拟的货币。这种货币不受任何机构管理，能在全球范围内直接转账。它的交易会被全世界记录下来。如果你想修改的话，就得找到世界范围内超过51%的账本。而且在这套程序里面，参与者都是匿名的，这也保证了交易的安全性。

这本来是个很有趣的事情，可惜会写代码的人实在太多了，发行这种程序又没什么难度，于是各种乱七八糟的垃圾币开始出现了。有无限量发售的狗狗币，有专门发展下线的暗黑币……

一些别有用心的大资本家也开始做局，硬生生把某些容易操纵的垃圾币炒作成了一个没有监管的大赌场。他们往往先低价买入筹码，再大声吆喝，忽悠小白们入局，等人进得

差不多的时候，再迅速砸盘套现。

更有甚者，还开发出了需要实名认证、绑定银行卡的交易所，参与的人是能亏不能赚、能赚不能提款。除此以外，一些别有用心的人还想通过这些虚拟币来转移资产。国内买，国外卖，相当明险地绕过了多层监管。

可以这么讲，现在所谓的币圈正经历着一个史无前例的混乱时代。而咱们能做的，就是尽量离这张台子远一点儿，懂了啵？

懂了啵？

什么是公摊面积

农村的房子能卖吗

租房子的时候要小心什么

回迁房值得买吗

什么叫网签

日常杂谈
房地产

1. 什么是公摊面积

老婆，什么是公摊面积啊？

你去买房的时候，合同上写的建筑面积，其实是包含套内面积和公摊面积两部分的 [得房率 =（房屋的建筑面积 - 公摊面积）/ 房屋建筑面积]。

套内面积呢，就是你家实际的大小；公摊面积呢，则是把这个楼里的地下室、电梯、走廊什么的公共区域的面积加一下，分摊到各个业主头上。

其实这本来也没什么，但有些开发商总喜欢在公摊面积上做手脚。

有的喜欢和测绘公司狼狈为奸，把绿化区、售楼部都悄悄划进公摊面积里（此种行为违法，可以咨询相关律师进行起诉维权）。他们打的小算盘是，反正公摊面积和套内面积的单价一样，以后交起物业费来也一样，那我多坑你1平方米都是赚的。

也有的开发商喜欢"二次利用"，先把地下室作为公摊面积向你收一次钱，再把它改装成停车场，慢慢收你的车位费（此种情况可以成立业主委员会，在必要的情况下更换物业）。

所以在和开发商签合同之前，一定要让他们在合同里标明得房率是多少，公摊面积覆盖哪些范围。毕竟若是合同里不写，法律会默认你已知晓公摊面积的存在（如果没有写的话，也可以通过当地的物价局网站或者房地产管理局网站，查询详细的建筑信息和价格信息，其中包括得房率这些具体指标）。

此点很重要，但是目前部分地方已开始逐渐取消公摊面积，相信未来公摊会逐渐消失，懂了啵？

2. 农村的房子能买吗

老婆，农村的房子能买吗？

　　如果你不是村子里的人，最好就不要买了。
　　现在买城里的商品房呢，买家会得到一张不动产权证。这张证书可以证明你同时拥有了这个房子和脚下的地（目前农村部分地区也开始颁发不动产权证，但是在土地性质和归属方面与大产权房依旧存在很大区别）。
　　不过像我爷爷、奶奶那边乡下的房子，就没有这张证书。因为那里的土地归村子集体所有，而不是国有制。说白了，允许我爷爷、奶奶盖房子的不是房管局，而是村委会。那种房子也叫小产权房，是不能卖给城镇户口的人的。
　　小产权房呢，是不能抵押给银行的（此处仅限于2020年之前，目前部分政策已进行改变，部分地区已确权的小产权房可抵，但是价格很低），也没有明确的使用时间，村委会是可以随时收回的（会有相应的经济补偿或划拨其他区域

宅基地以供居住）。

所以很多城里人都是付了钱之后却被村委会直接赶了出去。毕竟他们没有当地农村的户口，不属于集体成员，房随地走，这块地自然被村委会回收啦。

所以假如你真的喜欢我们家老房子，那要么来租，要么入赘，懂了啵？

①国务院办公厅 1999 年《关于加强土地转让管理严禁炒卖土地的通知》第二条第二款规定："农民的住宅不得向城市居民出售，也不得批准城市居民占用农民集体土地建住宅，有关部门不得为违法建造和购买的住宅发放土地使用证和房产证。"

② 2004 年 11 月，国土资源部《关于加强农村宅基地管理的意见》又进一步规定"严禁城镇居民在农村购置宅基地，严禁为城镇居民在农村购买和违法建造的住宅发放土地使用证"。

③《国务院办公厅关于严格执行有关农村集体建设用地法律和政策的通知》（国办发〔2007〕71 号）特别强调"农村住宅用地只能分配给本村村民，城镇居民不得到农村购买宅基地、农民住宅或'小产权房'"。

懂了啵？

3. 租房子的时候要小心什么

> 老婆,租房子的时候要小心什么啊?

小心租房贷!

很多大学生毕业以后,最头疼的就是怎么租到一个又便宜又不用交押金的房子。不少中介就看中了大学生的这个心理,打出"免押金,可以分期"的噱头来忽悠人。

但等你真的去联系的时候,这些中介就会要求你出示个人征信,签"房租分期合约"。这时候你一定要记好,千万不要答应!

当然，也有用虚假房源来诱骗租房客，乃至买房客上门看房，再顺势要求签立相应分期合约的套路。

因为这份合约可能意味着，你不仅背上了租房合同，还背上了一笔信用贷款！即使你住完两个月想走人，解除的也只是租房关系，长期的贷款合同依然有效（房屋租赁行为与贷款行为没有任何关联，所以即便房屋租赁的事实已经取消，信贷业务也不会因此而中止）。

除此以外，你还有可能会碰上这些公寓中介资金链断裂的悲剧，甚至你已经交了房租，房东却没收到钱（都压在中介手上）。这个时候，你要面对的可能将是征信记录上的污点了（部分平台或机构已接入官方征信系统，如未接入，则相应欠款不会出现在征信记录上）。

其实初出茅庐的学生能有几个钱，如果你真的打算在一座城市落脚，那不如大大方方地和家里商量，让父母打来第一个月的房租、押金。毕竟，人比钱更重要，懂了啵？

4. 什么是公租房

老婆，什么是公租房啊？

就是在你租不起房子的时候，可以给你凑合几年的公家宿舍。

一般这种房子的租金比较低，有时候甚至能折到市面房租的一半。而且绝大多数的公租房不限户口，如果你是一个人在外地打拼的话，可以选它来当自己的"龙兴之地"。

不过毕竟是便宜租给你的嘛，所以公租房的位置一般比较偏僻，而且隔音、物业这方面，肯定比不上正规小区。另外，公租房的个人申请手续比较麻烦。你得先自己准备好收入、婚姻、住房这些证明，然后拿着准入证去轮候区排队摇号。

　　摇号这种事情，永远都是便宜了那帮专业刷量的黄牛和中介，他们中有人会先拿房再当二房东，把公租房的租金炒到天上去。然后再编一些"五年可买""自由交易"的文案，去坑一坑刚进社会的学生（此种情况目前已收敛很多，基本不太能遇到）。

　　但实际上，绝大多数的公租房都是非卖品，而且每隔三五年就要重新对租户的资质进行审核，然后再签一次合同。所以在选择公租房之前，一定要越过中介，亲自去当地服务中心打听明白了，这套房子五年以后究竟能不能买，一手的房租和房源究竟是多少，懂了啵？

5. 回迁房值得买吗

> 老婆,我看回迁房好便宜啊,咱第一套房买它不?

那些能在价格上吊打周边商品房的房产,一般都是没下证或者下了村证的。这些高利润的东西,风险自然也会大一些。比如一些回迁房,你可能住个十几年之后,房本都不一定能批得下来。你落不了户,家里孩子上不了学,买房像长租。还有些回迁房的户主即便和你签了购房协议也不会告诉你这套房子里被安置的,还有他的七大姑八大姨。到时候这些安置人口上门来闹事,都是潜在的风险。

如果下了证,而且是市证的话,那它和周边的商品房就没有太大的差别了,你可以更名也可以过户。但是在价格上,自然也没什么便宜可捡。

所以,便宜肯定有便宜的理由,就看你在价格和风险之间怎么去选择啦,懂了啵?

懂了啵?

6. "多校划片"以后学区房会不会彻底凉凉

> 老婆,"多校划片"以后学区房会不会彻底凉凉啊?

近几年里并不会。

"多校划片"说的是把原来"一个小区对应一个学校"的政策改成了"一个小区对应多个学校"。看着好像是原先十几万元一平的学区房价跌了,但实际上是那个片区能上名校的小区变多了。

很多原本八竿子打不着的偏僻小区开始疯狂涨价,而原先距离名校很近的学区房,在这几年的资源倾斜之下依旧在交通、生活等方面拥有着一定的优势。

"是否有名校"将直接影响一座城市的整体房价,这才是"多校划片"带来的现实意义。

懂了啵?

7. 假如房贷没还完的话，房子能卖吗

> 老婆，假如房贷没还完的话，房子能卖吗？

从2021年开始，《中华人民共和国民法典》（以下简称《民法典》）正式实施，第四百零六条就明确规定了，哪怕是在抵押期间，抵押人也可以转让抵押的财产。这个抵押的财产，自然也就包括了还在按揭的房子。

2021年之前还没还完贷款的房子，严格意义上是不能卖的。外面那些中介说的"转按揭"，其实只不过是让买家自己凑钱也好，贷款也罢，先帮卖家把钱还完，然后自己再找一家银行重新批贷款。在这期间，卖家会不会跑路不好说，至少对于很多银行而言，你如果提前把钱还给它，是要付违约金的。这笔钱自然还是落在了买家头上。至于真正意义上的转按揭，得是两家银行之间无缝交接，考虑到两边利息、制度的不同，一般这种玩法只存在于理论层面。

所以，哪怕是在2021年以后，你想买这种还没还清贷款的房子，也最好问清楚了，走的究竟是帮老房东还清贷款的老路，还是《民法典》上"接力贷款"的新路，懂了啵？

> 懂了啵？

8. 夫妻中的一人能偷偷卖房子吗

老婆，假如我偷偷把这房子卖了，你会怪我吗？

不会啊，因为你根本卖不了。

为啥呢？我可是户主啊！

户主有什么了不起的？只要我在你不动产证上有名字，是你这套房子的共有人，那不管这套房子是住宅也好，商铺也罢，我都享有优先购买权。

也就是说，哪怕你要卖掉自己的那一半，没我的签字依旧等于无效。因为我有权利在其他人之前买你的那一半的房产。至于什么时候来买呢，我还没想好。懂了啵？

懂了啵？

9. 什么叫网签

老婆，什么叫网签啊？

你去买房子，开发商会先和你签个草拟合同（以下简称草签）。但这种关起门来自个儿瞎签的合同，把一套房子卖给 10 个人都没问题，自然不能让你立马掏钱。想要让你掏钱，就得在草签以后，再按照国家标准签订一份标准合同。

这份标准的合同，不但不能随便瞎改，而且在你们两边签完了以后，还得按照规定的步骤，上传到房管系统里去审核。然后就会有专业的人来审查你们两边的资质，看看满不满足买房的要求。等到这一步顺利结束了以后，系统就会把你们的标准合同全网公示，大意是：

从现在开始，这套房子暂时不能再卖给其他人啦，

其他中介和买家不能横刀夺爱，而且就算你的卖家想要反悔，也得找你协商，否则就只能法院见了。

这个过程呢，就叫网签。

哦，也就是说只要网签通过，我的这个房子就稳了呗？

也不一定。为了少交点儿税，网签合同上的金额一般会和真实的房价有些出入。有些不太善良的卖家会在网签以后和你胡搅蛮缠，想多讨点儿钱。所以就算批下了网签号，你也得马不停蹄地催着开发商或者中介赶紧去把合同给备案了。等到房子的备案号也批下来了，你才可以高枕无忧。

懂了啵？

10. 租房子住和买居住权，哪个更划算

> 老婆，租房子住和买居住权，哪个更划算啊？

当然是买居住权啊。无论你和谁租房子、租什么房子，期限都不能超过 20 年。所以就算你和别人一次性签了 50 年的合同，最后 30 年也都是**无效的**。

但是居住权就不一样了。只要没有达到合同里的解约条件，这房子你能一直从生住到死。哪怕房东把房子卖了，你也有权利一直住下去（买家不知情的话，可以解除合同）。

所以以后买房子，除了要正常走网签、备案流程，还得去跑一趟居住登记网点，懂了啵？

懂了啵？

11. 买房有"喝茶费"吗

> 老婆,新闻里一直说买房有"喝茶费",怎么我从来没碰到过?

一来呢,是因为你买的房子还没到那个层面。一般真涉及"喝茶费"的楼盘,要么是高档别墅,有巨大的升值空间;要么就是名校学区房,想抢都抢不到。在过去,能正好碰上这种运气的,多少都会给中介和开发商送点儿"利是"(广东话),也就是"喜庆钱"。

后来这种风俗就慢慢形成了潜规则。

专门搞投资的人，宁愿多掏个十万八万元的红包来换百八十万元的利润。不过这种"喝茶费"，就算你想给，也不一定能找到门路。能找到门路的，一般也都是自愿塞的红包，压根儿就不可能让你知道。

二来，也有些小销售员会瞒着上面，向你索要"喝茶费"。过去拿他们没办法，毕竟人家也有内部指标和插队名额。可现在环境收紧，一个电话就能把这些小鱼小虾送进去蹲个几年，所以谁都没胆量再顶风要钱啦。

懂了啵？

12. 什么叫商住房（非混合）

> 老婆，什么叫商住房啊？

就是开发商把本来要盖写字楼的商业用地，装修成了可以住人的公寓。这种房子的优点和缺点都很明显。

第一个优点肯定是便宜，而且不限购，你既不用假结婚也不用忍气吞声地熬社保年限；第二个优点是无论你买多少套商住房，都不会占用你首套房的名额，以后你仍然可以大大方方地享受低首付和按揭优惠。另外，你也可以直接用商住房去注册公司。比较适合老家有钱有房，但是又想到大城市去创业打拼的年轻人。

不过凡事都有两面性，商住房也有商住房的缺点。毕竟本来是给你办公用的，所以水电费就和写字楼一样，肯定没有住宅的便宜；而且总价虽然低，但是首付一般都得五成起；尴尬的还有四五十年的产权，到期了能不能续、怎么续还是一个未知数。又因为有些地方的商住房不能直接落户、划拨学区，所以小孩子以后怎么上学也是个问题。

另外，住宅房满五唯一能减个税，商住房就不行；住宅房不用交土地增值税，商住房就要交。所以在转手方面，商住房也比较弱势。

懂了啵？

（注：此篇所说的商住公寓，是指商业用地、办公楼性质却实际用于居住的房子，并非指代下层商业用地、上层住宅用地的混合楼盘或商住两用土地性质楼盘。）

13. 假如房子供不起了，会怎么样

> 老婆，假如我房子供不起了，会怎么样啊？

会有不同的人给你打电话。

如果是第一次还不上的话，银行一般会给你发短信，或者让客服给你打电话。告诉你再不还钱，每天都会按照你欠的账来算利息。如果你不理他们的话呢，征信记录上还会给你记上一笔（征信记录是否存在逾期记录与欠款时长、欠款金额无关，而是在拥有欠款行为的当时就会出现逾期的记录）。

如果这钱拖了 3 个月都还不上，或者 1 年里断断续续的次数过高，那给你打电话的可能就是客户经理了。这个时候，千万不要躲电话，一定要大大方方地告诉对方你现在遇到了什么困难，为什么还不上账了。因为对方是要帮你想办法去解决

问题的。具体方法有展期，也就是让你名正言顺地拖上一段时间再还；再比如延长期限，把还钱的时间延长到30年左右。还有很多办法，都好商量（甚至包括减免部分利息，但是各地政策并不相同，对待不同评级的顾客也有不同的处理预案，对于部分低评级用户而言，客户经理可能会采取较为刚硬的处理手段）。

　　如果你是铁了心不还，无论谁打电话来都不接，那银行会找律师给你打电话。目的就是告诉你一下，你抵押的这个房子，我们要收回去拍卖了，当然会拍一个很低很低的价格，至于你欠的账和拍卖款之间的差额，你也得自己想办法给我全部还清。

　　懂了啵？

14. 法拍房能不能买

> 老婆，法拍房能不能买啊？

能买，但是有点儿类似于拿风险换收益的投资。有很多功课如果你不提前做好，可能就会带来灾难性的后果。

比如拉产调。如果你在拍卖之前，没有去房管中心或者线上查一下产权相关的信息，就很有可能会稀里糊涂地拍下一套安置房。结果人家老房东压根儿就没办过房产证，你想要给房子过户，他就会拿着动迁协议和你坐地起价、互相扯皮，到时候你要么给个几十万元息事宁人，要么就得在动迁办和法院之间来回跑腿。毕竟一张协助执行的通知书,还远远不够分量。

　　再比如跑现场。有很多房子租出去是不会备案的,所以在产调里你看着没人租住,但实际上老房东可能把房租收到了20年以后。更何况从2021年开始,多了一个永久居住权,很可能门一开,就有老先生、老太太在里面颐养天年。所以去线下跑一跑,跟左右邻居打听一下,顺便去物业看看他欠着多少水电费、物业费。有些别墅区,可能还真的不便宜。

　　最后,你得跑一下当地的派出所。因为老房东的户口可能还没有迁出去。未来这对小孩子的上学有没有影响,高考有没有影响,以后拆迁的时候是不是还得倒贴他一笔钱,这些问题,在各个地方的处理方法都不太一样。

　　总而言之,法拍房很有可能是银行和 AMC 这类专业机构都消化不了的硬骨头,你得做好充足的准备才能下手,懂了啵?

15. 为什么有的房子买了四五年还没办房产证

> 老婆，为什么有的房子买了四五年还没办房产证啊？

房产证分为大产证和小产证。小产证就是咱们业主手上的房本，它得从开发商的大产证里头分割出来，而有些开发商是办不了大产证的。

你要知道，在盖房子之前，开发商一般会先预售一拨商品房，然后拿着地皮和预售圈来的资金作为抵押，去撬动更多的银行贷款和有钱人的投资，这样他才能继续拍下一块土地。为了最大化地加快资金流动的速度和效率，他们往往会采取两种方式。

一种是和其他友商合作开发，这样就能花更少的钱参与更多的项目。另一

种是压缩工期，这样就能让赚钱的速度更快，运维的成本更低。但是这样做，同时也埋下了两个风险：一旦合作方破产，多方债务可能会让土地不能解押；一旦出现质量规格方面的问题，房子就很难通过市建消防的竣工验收。而无论在哪个环节上卡住了，房管局都不会给这栋楼批下大产证。毕竟没有解押，房子随时会被银行强制拍卖；没有通过竣工验收，就是对住户的安全不负责任。

所以无论什么情况，你都不要在房产证上让开发商打马虎眼。交房以后的两个月，签合同以后的两年之内，你就得时刻关心着开发商办理大产证的进程，随时做好起诉的准备，懂了啵？

懂了啵？

16. 假如买到烂尾楼了，应该怎么办

> 老婆，假如买到烂尾楼了，应该怎么办啊？

第一步，先不要慌，也不要火急火燎地去找开发商退房。因为施工队都要不到钱，你大概率要到的也只不过是张欠条而已。只要不退房，哪怕你是按揭买的，也可以被算作消费者。即便是未来没人接盘、开发商破产清算了，你也能排在银行和施工队的前面领到赔偿。

第二步，就是尽可能地拿产证或者申请财产保全。因为对于施工方和银行来说，最希望法院做的就是通过查封拍卖来减

少自己的损失。但是这些查封拍卖的房子里，有没人买的，也可能混了已经交过首付的房子。你要做的就是尽量申请下证，如果下不了证的话，至少也得财产保全。

　　第三步，就是大家要团结起来，不但要选出一名跑法院的业主代表，还得帮他配一个靠谱的律师，争取到尽可能多的合法权益，比如孩子上学、延期偿还按揭贷款等。不过这得是法院判的，而不是你自己私下断了月供。因为按揭是你和银行之间的约定，与开发商无关。如果你不经法院自个儿把按揭断了，银行就有权把你打入失信名单，查封你名下的其他资产。

　　懂了啵？

17. 什么叫他证

老婆,什么叫他证啊?

就是他项权证,一个用来证明你的房子不仅属于你,也有一部分属于别人的本本。

最常见的,就是你向外面那些金融公司借钱,如果抵押物是房子的话,那他们就会拉着你去交易中心办一张他证,权利人写公司的名字。只要你还不上贷款,他们就有权把你的房子卖了换钱。过去呢,他证类似于一把"锁":但凡办了他证的,除非你把贷款还清、他证注销,否则这房子就过不了户、卖不出去。

但从 2021 年开始,在抵押的房子也能交易了。所以他证这种锁,就不像以前那么牢靠啦。如果说银行这一类的大机构

还有严格的合规和强大的法务，能让你在过户之前看清楚老房东的真面目，那一些民间的小公司，很有可能会和老房东互相做局，利用阴阳合同来销售一些二抵三抵的问题房。

所以，如果你想买房子，最好就不要偷懒了，尽量亲力亲为，多跑跑交易中心，把房子的他项权利给调查清楚，不要过度信赖中介，懂了啵？

18. 老宅过手，怎样操作更划算

> 老婆，我爸妈想把房子过户给咱，怎么弄比较划算啊？

现在一般有三种方法。我把好处和坏处都说给你听，你自己来选。

第一种方法叫继承。也就是等你爸妈百年之后把房子留给你。这种操作交的税少，个税、契税、增值税什么的都不用交。但比较麻烦的是，第一继承人不仅是你，还有你的爷爷奶奶、外公外婆，就算他们都不在了，你的堂亲戚和表亲戚也都可以顺位继承。所以你得拉着他们去签放弃继承的声明。等所有人都签完了以后，很多地方还会要求你去做个继承权的公证，这个公证费可能要收到房子价值的2%。

> 算了算了，我爸妈身体健康、长命百岁，我就不考虑继承了。

第二种方法叫赠予。也就是你爸妈在活着的时候把房子送给你。它比继承要多交 3% 的契税，其他费用差不多。但是如果以后房子多了，你想把老宅卖掉，那就得按照赚到的差价，交 20% 的个税。

那等于一下子被挖了一大块啊，不划算，不划算。

第三种方法呢，是你让爸妈把房子卖给你。他们的房子肯定买了超过 5 年了吧，增值税就不用交了；如果他们手上没有其他的房子，那个税也免了。实在不行，交个 1% 也没多少钱。契税的话，顶多也就 3%。这样以后如果你想卖房了，就可以选 1% 的个税，比较自由，也比较划算，懂了啵？

（首先，继承确实省钱，但所谓收益越大、风险也就越大。继承带来的风险主要集中在不确定性上。比如时间上不确定。继承必须发生在原主人去世以后。这个时间不可预测，同时也就意味着，一旦他们发生意外的话，作为他们父母的老一辈，可能就在不知不觉中"继承"了孩子的财产。然后这些财富又会在意外之中流入其他子女的手中。有人说可以立遗嘱，指定继承人。这个方法是可行的，但风险也不是没有。因为遗嘱没有数量的限制，所以可能谁都不知道哪份遗嘱才是最后一份。除此以外，继承里还会碰到形形色色的问题：比如亲生子女、养子女、继子女都算是第一梯队；比如继承的时候有法定有遗赠的，那老人家欠的债得先紧着法定的那部分扣。这些都是继承里会碰到的不可控风险，所以我才会建议提问题的那个人，去采用买卖的形式过手老宅。毕竟，除了一些地方的限购以外，买卖带来的风险可以说是很小的，懂了啵？）

19. 卖继承的房子需要交 20% 的个税吗

> 老婆，听说继承的房子，如果要再卖出去的话，就得交 20% 的个税？

是差额的 20%。

举个例子，假如你爸妈当初买下这套房子花了 50 万元，你继承了以后用 80 万元的价格把房子给卖了，那你就得按照中间相差的 30 万元来交 20% 的个税，也就是 6 万元。

不过一般没多少人会硬扛这 20% 的。

一方面，有些房子以前的买价很难界定，比如 20 世纪进厂就分的房子，类似于半买半送，子女也拿不出什么原值凭证来。于是有些地方可能会网开一面，采取核定征收，也就是按照全款 80 万元的 1% 或者 2% 来象征性地收个万把块钱。

但是也有的地方非常严格，要求你只能据实征收，也就是按 20% 的税率来交个税。遇到这种情况，大多数人的选择也都是想办法去凑齐"满五唯一"的条件，这样就不用交个税了。

也就是说，我若是继承了房子以后，得住满五年才能卖吗？

不是的。是打从你爸妈入手以后到你卖房子之前，一共住满五年。而且在卖出去的时候，这套房子得是你唯一的一套住宅。真正的难点其实是在这个"唯一"上。

所以现在很多发展比较快的地方，父母要么早早地就把房子过户到子女名下，要么就会跟没房子的亲戚签一份借款合同，再把自己的房子赠予他们，借别人的手来卖房，就是为了省下这20%的个税，懂了啵？

20. 公积金有什么用

> 老婆，你说这公积金有什么用啊？一个月扣那么多工资……

在 20 世纪 80 年代，房子还用不着买，只要你肯在厂里好好加班、发光发热，单位会在你结婚以后送你一套房。到了 90 年代，市场经济越来越热，厂子开始慢慢盖不起房了，于是从 1991 年开始，上海跟新加坡学试点公积金制度。

你自己交一半，单位帮你交一半，然后所有的钱全部划入你的个人账号。买房子能取，租房子能取，生病住院能取，退休能取，回老家能取，贷款的时候还能当凭证。

哇……不过这么乱取的话，会不会影响我贷款的额度啊？

这个还是有可能的。有些地方的公积金贷款额度是按照人头来算的，大家都是 50 万元，那你把公积金领出来没关系；但是有些地方的公积金贷款额度是和你账户里的余额直接相关的，这种情况下就不要随便动公积金了。毕竟公积金贷款的利率那是真的低，一套房下来，每年都能省一两万元。

而且住房公积金这种福利，你就算用不着也可以传给下一代啊，所以一动不如一静，懂了啵？

> 懂了啵？

21. 结婚以后买的房子，
一定是夫妻共有的吗

> 老婆，结婚以后买的房子，一定是夫妻共有的吗？

　　不一定哦。关键要看买房子的钱是从哪儿来的。如果是从咱俩的工资卡上扣的，那不管是两个人一起还还是一个人单独扛的，房子就是一人一半。哪怕这套房子是我婚前付的首付，只要在婚后还有房贷，那这房子就有你的一份。举个例子，假如这套200万元的房子，婚前我已经还掉了120万元的话，那你最起码也拥有它20%的份额。

　　但是如果买房子的钱是我在结婚以前把自己的积蓄投到股票里赚到的，那这套房子就算是我的个人财产。而且结婚以前咱俩的各自积蓄和它们产生的利润也都属于个人。

那假如买房子的钱是我爸妈出的呢？

那就得看你爸妈对我是什么态度了。如果他们把我当自己人的话，结婚以后买的房子哪怕只写了你一个人的名字，只要没有附加什么特殊条件，那这套房子依然是咱俩的共同财产。当然，他们也可以去做个公证，白纸黑字地写清楚"将儿子的配偶排除在外"，那这套房子无论是继承也好，赠予也罢，就都和我没什么关系了。

懂了啵？

22. 提前还房贷到底好不好

老婆，提前还房贷到底好不好啊？

这得从两方面来看。第一个是合同方面，有些银行会在合同里标明，你需要还款满一年以上或者说半年以上（具体时间由合同确定）才能够提前还款，否则就要交上一笔违约金。所以这种条件下如果你想要提前还款，就得好好算一下，这笔违约金和剩余利息之间谁高谁低，至于剩余利息该怎么算，就得看你选择的是哪种方式了。

一般来说，还款方式无非就是等额本金和等额本息两种。如果你选择的是等额本金，那你每个月所还的本金金额是一样的，但利息随着本金的减少而减少，所以无论你什么时候提前还款，都能少交点儿利息，能提前还那就提前还呗！但如果你选择的是等额本息，那其实后半段时间基本上也没有提前还款的必要了。

　　举个例子，假如你要还10年的房贷，前5年里头还的大多都是利息，后5年里头本金才占大头。所以如果你前5年里头没有提前还款的话，其实也就没有提前还款的必要了。

　　当然，也有一些特殊情况。比如你忽然想买第二套房子了，但是有些银行的风控"只认贷，不认房"，所以只要你名下还有其他的贷款没有结清的，那你的第二个商业贷款就很难批下来。这种情况呢，你要么走公积金（时间可能比较漫长），要么就只能提前还清商业贷款了，懂了啵？

懂了啵？

23. 老人的小保姆
　　也能继承他的房子吗

> 老婆，听说从 2021 年开始，老人的小保姆也能继承他的房子啦？（遗赠扶养协议）

一直都是可以的。继承财产方面是这么分的：排在第一位的是遗赠扶养协议；第二位的是公证过了的遗嘱；排在最后的才是法定继承，也就是父母、子女、配偶这些人。而且一旦后面的和前面的有所冲突，一般都是先紧着前面的那位来执行。

所以现在有很多"以房养老"之类的项目。说穿了，他们就是想和那些没有子女或者得不到子女照顾的老人签一份遗赠抚养协议（《民法典》第一千一百五十八条："自然人可以与继承人以外的组织或者个人签订遗赠扶养协议。按照协议，该组织或者个人承担该自然人生养死葬的义务，享有受遗赠的权利。"）。等到老人百年之后，他们就能合法继承老人的房子、车子和票子了（继承人以外的组织或者个人与自然人签订遗赠扶养协议后，无正当理由不履行，导致协议解除的，不能享有受遗赠的权利，其支付的供养费用一般不予补偿；遗赠人无正当理由不履行，导致协议解除的，则应当偿还继承人以外的组织或者个人已支付的供养费用)。你看看咱爸妈这代老年人的数量有多少,就知道这门生意有多大的前景了。

也就是说,只要老人在外面不签任何协议、遗嘱这类的文件,独生子女就肯定能继承房子呗?

也不一定。虽然法定继承人里的第一顺位确实只有配偶、父母和子女。但这个子女,可不仅是血缘上的亲生子女,也包括了有抚养关系的继子女和养子女。

所以说,无论从道德关怀角度出发还是从财产托付角度出发,你都应该经常回家看看,多陪陪爸妈。毕竟这一代老人,有谁会饿得吃不起饭指望你养着?无非是感情上比较孤独,需要你的陪伴而已,懂了啵?

〔遗产按照下列顺序继承：（一）第一顺序：配偶、子女、父母；（二）第二顺序：兄弟姐妹、祖父母、外祖父母。继承开始后，由第一顺序继承人继承，第二顺序继承人不继承；没有第一顺序继承人继承的，由第二顺序继承人继承。本编所称子女，包括婚生子女、非婚生子女、养子女和有扶养关系的继子女。本编所称父母，包括生父母、养父母和有扶养关系的继父母。本编所称兄弟姐妹，包括同父母的兄弟姐妹、同父异母或者同母异父的兄弟姐妹、养兄弟姐妹、有扶养关系的继兄弟姐妹。〕

24. 买房子是用商业贷款好，
还是走公积金贷款好

> 老婆，买房子是用商业贷款好，还是走公积金贷款好啊？

你可以先走商业贷款（也叫个人住房贷款，是中国人民银行批准设立的，由商业银行和住房储蓄银行提供给城镇居民用来购买自用普通住房的一种贷款形式），然后再转成公积金贷款嘛，因为这两种贷款的优缺点正好互补。

商业贷款，也就是从银行里借钱，一般来说利息比较高，但是审批的速度快，有些地方三个工作日就能批下来；公积金贷款，利息比较低，但是一来审批的时间太长，二来是有些地方的公积金贷款有上限，所以不少开发商都不想走公积金。

于是就有一些天才发明了一种新的套路：第一步，先找家银行来下商贷，然后过一段时间，他们就会带着房产证、征信记录什么的去客户经理那儿申请"商转公"。如果公积金贷款的金额不足，那他们就会再找家银行，借个新的商业贷款。因为这里头公积金的利息，可能只有商贷的一半左右。所以他们这招移花接木，往往能省下好几万元。

但是在拿到新贷款的批复以后，他们往往就需要把老贷款给提前还清了。这个时候，家里有钱的还好说，没钱的可能就要"走钢丝"了，也就是找垫资公司去借钱过桥：拿着借来的钱去还老账，再用新贷款补上借钱的窟窿。整个过程相当危险，所以也就衍生出了代理"商转公"的职业中介。如果你觉得自己在金融圈子里没什么人脉的话，找他们也是个不错的选择，懂了啵？

什么是劳动仲裁

什么是劳务派遣　　　　什么是新农合

　　什么是善意取得

　　　　　　　　什么是花征信

日常杂谈
生活

1. 什么是劳动仲裁

老婆，什么是劳动仲裁啊？

举个例子，假如本来你上班上得好好的，忽然有一天，人事让你卷铺盖走人，而且找各种理由不给你发工资。那么，在你和老东家打官司之前，就得先走一圈劳动仲裁（具体可要求双倍工资差额赔偿金、周末及节假日加班费、解除劳动合同补偿金等）。

具体操作是：即便没有取得公司提供的离职声明（提供离职声明是公司应尽的法律责任。《中华人民共和国劳动合同法》第五十条：用人单位应当在解除或者终止劳动合同时出具解除或者终止劳动合同的证明，并在十五日内为劳动者办理档案和社会保险关系转移手续。劳动者应当按照双方约定，办理工作交接。用人单位依照本法有关规定应当向劳动者支付经济补偿的，在办结工作交接时支付。用人单位对已经解除或者终止的劳动合同的文本，至少保存二年备查）你也可以一路小跑，直奔你前公司注册的地方，找到一栋挂着"××区仲裁委员会"牌子的大楼，接下来按照他们的要求准备材料就可以了（材料大致包括《劳动争议仲裁申请书》、身份证及复印件、劳动关系证明等）。

无论受不受理，你都会接到仲裁委员会的电话。（仲裁委员会应当自收到仲裁申请之日起五日内作出受理或者不予受理的决定。仲裁委员会决定受理的，应当自作出决定之日起五日内将申诉书副本送达被申请人。决定不予受理的，也应当说明理由。）

一般调解员会先让你们双方各退一步，如果公司上路子的话，这个时候会选择赔你点儿钱，双方签字、按手印；但如果公司不上路子的话，你就可以直接选择上庭（是仲裁庭而非法院，且仲裁庭应当于开庭的五日前，将开庭日期、地点书面通知双方当事人。无正当理由拒不到庭或者未经仲裁庭同意中途退庭的，对申请人按照撤诉自理，对被申请人可以做缺席裁决），由劳动仲裁部门审判后给到双方结果。

一般这个结果都是偏向劳动者的。过去有很多人在公司的各种哄骗之下选择了忍气吞声，但其实劳动仲裁的过程不仅简单，而且免费。

希望广大劳动者能够合理合法地保护好自己的权益，懂了啵？

2. 什么是新农合

老婆，什么是新农合啊？

就是你现在去农村，天天都能在大喇叭里听到的那个新农村的合作医疗。这本来是国家的一片好心，希望能帮咱老百姓解决一些看病难、住院贵的问题。但是在实际推行的过程中，却遇到了一些民营医院的阻力。

比如有的民营医院就利用当地新农合只能报住院费的空子，先给你开上一大堆检查和化验的单子，把费用硬拉到5000元以上，再给你报到四五百元，这样他们就能两头吃、两头赚。还有的民营医院呢，就故意避开新农合的报销范围，药和器材都紧着进口的、贵的去卖（随着国家对于农村医疗的关注加深，这种现象已经越来越少并逐渐消失）。

那新农合还有交的必要吗？

当然有，新农合这几年报销的力度越来越大，从原来的百分之四五十上升到了百分之六七十；而且用药范围也扩大了，从原来的1000多种到现在的2000多种，一些老年人容易得的高血压、糖尿病的药也能报销，真的很实惠。

而且现在不少地方的新农合已经被并到了城乡医保里，一年交个几百元，无论是出门打工还是本地住院都能报销一定的比例。所以能交还是尽量交，懂了啵？

3. 什么是劳务派遣

老婆，什么是劳务派遣啊？

有些单位其实很缺人手，但是上面又不肯批正式员工的名额下来，所以他们只好从外面"租"点儿临时工回来干活儿。这种"租人"的模式，就叫劳务派遣。

那岂不是爽爆了，两头的福利都能吃得到？

你想多了。你是被"租"过去的，根本就不算人家的正式员工。所以人家正式员工朝九晚五、福利津贴这些和你没有任何关系。甚至就连发工资，你们都不在一起领。给你的薪水还得让劳务公司抽个头才能发到你手上去。

若是碰到无良的大厂，还会自己开家皮包公司来和你签派遣协议。五险一金你是不要想了，10 个小时的加班是跑不了了。一旦出了事，哪怕是工伤，两边也会推来推去。除非你能天天横跨大半个中国去打官司，否则很难拿到属于自己的赔偿。

所以，除非你是程序员、职业经理人这种高技术人才，能牢牢握住用工单位的命脉，否则不要轻易去尝试劳务派遣，懂了啵？

懂了啵？

4. 什么是善意取得

老婆，什么是善意取得啊？

就是你瞒着我偷偷把房子卖了，我也没权利向买家把房子给要回来的一种玩法。

举个例子，假如你去买人家老夫老妻的二手房，结果到了签合同的现场发现只来了一个老婆。这时候你就得留个心眼儿了，因为她很可能并没有处置房子的权利。所以你要么当场让对方打个电话过去录音，要么就让对方提供一份委托代理的书面证明。总之要能证明：另一半是知道卖房的这个事的。

接着，不要贪小便宜。特别要注意那种比市面上便宜了一半的二手房。因为"善意取得"的一个前提就是买方支付的费用要合理。而且你也别傻乎乎地把钱给卖家全打过去。可以找家两边都信任的大银行来做一下三方监管，这也算是正常的流程，对方没有理由拒绝。

最后，一定要坚持去房管部门尽快办好不动产变更登记。这个时候，四大条件全部完成，即便对方的老公跳出来说他老婆签字造假也好，冒名顶替也罢，这套房子在法律上都会完完全全地属于你。而他能做的，只有找自己的老婆要求赔偿，懂了啵？

[《民法典》第三百一十一条规定：符合下列情形的，受让人取得该不动产或者动产的所有权：（一）受让人受让该不动产或者动产时是善意；（二）以合理的价格转让；（三）转让的不动产或者动产依照法律规定应当登记的已经登记，不需要登记的已经交付给受让人。]

懂了啵？

5. 什么是花征信

老婆，什么是花征信啊？

你想想看，一个人会在什么情况下被叫成"花心大萝卜"，那征信就会在什么情况下被叫成"花征信"。

比如你脚踏几条船，同时向好几家银行和机构提交过贷款申请书，那你被拒绝的可能性就会很大，因为他们不知道你是不是想借东家的钱去还西家的账。即便不是这样，你的资金实力也很有问题，毕竟你的额度是按照工资来算的，花得多赚得少，哪家都不敢信任你啊。

再比如，你的征信忽然在短时间内被很多机构查看。这就类似于整个广场的大妈都在打听你适不适合当女婿，反而谁都不敢真的收了你，毕竟有那么多机构没有批下来，也许是他们发现了你某个条件上的问题，那别人家不要的渣男我为什么要收呢？银行大多也是这个心理。

　　但实际上，这些机构查询的记录很可能是你在玩手机的时候跳出来的某个小程序，比如那些"测测你的信用值多少钱"，你点开了、测试了，可能就算是添加了一次机构查询的记录。开发这些小程序的公司很可能就是为了收集你的信用记录再拿去卖给小贷公司的黑中介，懂了啵？

6. 假如没工作了，可以自己交社保吗

老婆，假如我没工作了，可以自己交社保吗？

可以。一般你在公司里上班，只要签的是劳动合同，公司就会帮你交养老、医疗、失业和工伤这四个险种（生育险被并入医疗之中）。缴费的基数，有按照实际工资来算的，也有按照当地最低标准来交的。

不过假如你离职了，又不想再上班的话，也可以考虑自己交社保，具体有两种操作。一种就是回到你的户口所在地或者搞张居住证，去找一个叫社保办事大厅的地方，问问窗口里的办事员，看看你能办哪几种档次的城乡居民社保或者灵活就业社保。

一般来说，手头比较紧的，可以选择城乡居民社保；如果手头有点儿闲钱的，还是建议走灵活就业。一般自己能交的社保，只有养老和医疗这两种，生育的话目前有些地方能

划进医疗里自己交掉，有的地方不能，一定要在窗口问好才行。

第二种自己交社保的路子，就是找家靠谱的公司帮你代缴。但是在给服务费之前你一定要问好：它和不和你签劳动合同。因为假如仅仅是挂靠的话，它是不需要帮你交工伤和失业的（目前这种形式被严打，绝大多数的城市已经收紧了对挂靠代缴的政策，很多公司也逐渐拒绝帮忙挂靠代缴，所以这种方法并不推荐）。

所以，基本除了要买房落户以外，很少有人愿意被宰这一刀（目前除了一线城市，绝大多数城市都放开了落户的限制，社保公积金的年限要求也随之降低到半年或没有）。

懂了啵？

7. 彩礼和嫁妆的归属与男方有关吗

老婆，彩礼和嫁妆，哪个算我的啊？

哪个都不是你的。嫁妆是我爸妈在我结婚之前给我的小金库，所以算是我的婚前个人财产。这笔钱，就算咱俩离婚了，也是不用拿出来分的。

彩礼呢，属于结婚之前，你们家"以结婚为目的"赠予我的财产。严格说来，也算是我的婚前个人财产。不过一般法院会按照当地的习俗或具体的情况对彩礼进行分割。到时候只要我能证明和你领过证、开过火，而且也没有狮子大开口的话，那彩礼多半还是我的。

哇……那这么一看我是不是有点儿吃亏啊！

你知不知道，咱俩自结了婚以后，你在外面借的每一分钱，即便没花在家里，债主也可以用"共同生产经营"的理由逼我还债（前提是丈夫串通债主，将借款算作日常生活开销，且可能同时伪造妻子在借款合同上的签名等。不过随着目前

法制的完善，这种情况会越来越少）。而且咱俩结了婚以后，如果申请离婚，就会有 30 天的冷静期，只要你不同意，我就得一直被晾在那儿等着开庭。

　　咱俩既然决定在一起了，那两个人就是一个人，防来防去的真没什么意思。如果你真的要彩礼和嫁妆，我愿意全都交给你，毕竟我相信你嘛，懂了啵？

懂了啵？

8. 年终奖和十三薪，
　　哪个比较划算

老婆，年终奖和十三薪，哪个比较划算啊？

　　这得看你和老板的关系如何了。如果关系好的话，就选年终奖。在 2022 年之前，年终奖的个税比较灵活，你可以划出来单算，也可以混到累计收入里一起算，哪个低就选哪个。碰到会玩的老板，还可以开家个人独资企业来走账，直接给你发现金，交的税约等于零。

　　但是假如你和老板的关系不好，那还是老老实实选双薪吧，毕竟年终奖又不是欠你的，公司完全可以现在评，等到明年五六月份再发嘛。如果这期间看你不爽，老板也可以随时把你裁掉，年终奖正好用来补你的赔偿，一点儿都不会浪费。

　　至于年底双薪就不一样了，它可是正儿八经的工资。所以即便你在年前离了职，只要过了试用期，就能要求分掉相应比例的十三薪。只不过无论什么时候取，十三薪都得和工资放在一起算个税，拿到手的也就不剩多少啦，懂了啵？

懂了啵？

9. 为什么有些二手车不能过户

老婆，为什么有些二手车不能过户啊？

原因有很多，比如车子没续交强险，比如违章事故还没处理好……这都不算什么大事。但是如果对方和你说这是一辆抵押车的话，那你就得小心一点儿了。

因为按照正常的流程来走，你得先把这辆车子的贷款给还清了，银行才会去车管所办理注销抵押的登记，这辆车子也才能恢复自由身，重新被计入你的名下。这一套走下来，车子是可以过户的，但肯定便宜不到哪儿去。

市面上之所以会有四五万元的奔驰车、宝马车，很多都是走了多次抵押的套路。比如我先和银行分期买辆 90 万元的大奔，然后转手就把它抵押给民间的担保公司换钱。接着银行断供，直接跑路。这个时候，如果担保公司把这车卖给下一个人或者公司的话，实际上只是转押的一种形式。

这种转押可以经手无数次，但是拥有车子的人其实仅仅拥有了使用权。你虽然可以帮车子做年检、开上路，但是银行或者担保机构随时都可以通过民事纠纷的花头把车子再拉回去。

也正是因为这个原因，不少豪车都装着七八家不同类型的GPS。甚至一些倒腾抵押车的专业人士都不敢把车子开出能屏蔽信号的修车厂，懂了啵？

10. 不同银行的特色

老婆，你觉得哪家银行比较好啊？

你要知道在咱们国家，银行是分成四个档次的。这第一档里只有一家，叫作中国人民银行，它是正儿八经的实权部门，小名央妈。它只管两件事情，一件是印钱，另一件是管理市场经济。它只对公不对私。所以像存钱取钱、办信用卡这类的个人业务它都没有。

后来为了满足市场里头借钱存钱的需求，央妈生了四个儿子。大儿子叫中国银行，专门管出国外汇的结算；二儿子叫中国农业银行，养猪种田专业户；三儿子叫中国建设银行，靠房地产起家；

四儿子叫中国工商银行，喜欢做生意开工厂。

再后来，这四个儿子的业务越做越大、互相交叉，成了银行业里头的第二梯队，又因为它们都是北京户口，所以被咱们戏称为"四大行"。除了四大行以外，央妈还有个上海的干儿子，叫交通银行。它喜欢自称为"第五大银行"（近期又有了"第六大行"——邮储银行的说法），勉强也能算作第二梯队的人。

到了第三档，就是各个地方和企业衍生出来的小银行，比如上海的浦发银行，福建的兴业银行。这些小银行的优点就在于：很多五大行看不上的生意它们看得上，很多五大行不能降的费用它们能降。

最后一档呢，就是农村信用社。买种子可以问它借钱，买猪也行，总之"三农"方面的事情，找它更合适，懂了啵？

懂了啵？

11. 夫妻共同债务

老婆，为什么你总是要收我的工资卡啊？

假如不收的话，你拿着工资和那帮狐朋狗友打牌，输光了再去借钱回来补贴家用。那这笔借的钱，就属于夫妻共同债务，我要和你一起还的。

那我也可以直接和人借钱去打牌啊！

那这就不关我的事情喽，反正我什么都不知道，也没有任何责任去和你分担债务，懂了啵？

那假如我在外头借了点儿钱，又不想连累你，该怎么办？

很简单。

首先，你借钱的时候不要拉着我去一起签字，事后也不要让我去追认补签什么担保合同，整个过程都要让我保持在一个"不知情"的状态里。然后，你借的这笔钱，不要直接用在家里面，比如买菜买肉、交房租水电、给小孩子报辅导班之类的。如果你是跟别人一起合伙创业，那就把公司拿到的贷款从工资账上走一下再用在家里面。

最后，不要拉我进你们的公司。因为如果你们创业失败了，债主只要能证明他借给你们的钱是用在了咱俩共同生产经营方面的，那我基本也脱不了干系。

所以有很多大老板在生意做到一定规模的时候，会避免将自己的伴侣与自己的事业捆绑在一起，这样做一方面是为了避免家庭、事业两边影响，另一方面也是为了避免公司的债务影响到家人和下一代。

另外，我也多嘴一句。如果你真的想创业，那就尽量开家公司。因为个体户是承担无限责任，要是赚钱了还好，但要是欠钱了，可能要从家里拿钱倒贴出去的，懂了啵？

（《民法典》第一千零六十四条：夫妻双方共同签名或者夫妻一方事后追认等共同意思表示所负的债务，以及夫妻一方在婚姻关系存续期间以个人名义为家庭日常生活需要所负的债务，属于夫妻共同债务。夫妻一方在婚姻关系存续期间以个人名义超出家庭日常生活需要所负的债务，不属于夫妻共同债务；但是，债权人能够证明该债务用于夫妻共同生活、共同生产经营或者基于夫妻双方共同意思表示的除外。）

懂了啵？

12. 男人能拿生育险补贴吗

> 老婆，听说我们男人交的生育险也能拿补贴啊？

这是有前提的，只有在我生孩子的时候没有工作，也没交新农合这些的情况下，你才有可能领到一次性的补贴，只不过顶多也就几千元，而我走自己社保的话能拿到几万元。

> 坑人啊！咱们两个人交的生育险不是一样多吗？！

淡定。我说的几万元是分成两块拿的。一块叫生育医疗费用报销，也就是女人做产检、生小孩儿的各种费用，杂七杂八加起来，有些地方能全报，有些地方只能报一部分，但大多数情况下都到不了 1 万元。

另一块，其实叫生育津贴。说得简单一点儿，就是我们在家休产假的每一天都能领到单位的平均工资。像上海这边，也有要求生育津贴不能低于产前工资的。这样算下来，三四个月的产假多少能凑个两三万元，这才是大头。

所以我每个月交的几十元的生育险,都是在养别人的老婆呗?

也不一定。你交的生育险还能用来结扎,如果哪天后悔了,还能拿着复通的发票去单位报销。懂了啵?

懂了啵?

13. 医保能给家里人用吗

老婆，听说咱们交的医保能给家里人用啦？

应该说是其中的一部分可以了。最近医保的变化还是蛮大的，主要集中在三个方面。

第一个方面，就是进个人账户的钱变少了，进统筹账户的钱变多了。你要知道，咱们交的医保是分成两大块的：一块叫个人账户，看病买药的时候能直接扣掉，这笔钱是属于你一个人的；而那些需要拿着发票去报销的钱，比如住院治疗这些都算在统筹账户里面，这个钱算是大家共享的。

在过去，很多地方都把个人缴纳的医保和单位缴纳的

30% 划进个人账户，剩下的再划到统筹账户里头去。但是现在不一样了，个人账户里只存自己交的那一部分，单位交的医疗保险将全部划入统筹账户。这样公用的医疗资源就能更多一些，老年人的生活也能更滋润一点儿。

  这第二方面，就是个人账户里的钱可以给家人用了。咱们父母这一辈有很多老人都没交齐 15 年社保，现在一人参保能保全家，咱们的压力是真的减轻了。

  最后，就是医保报销的范围扩大了。以前医保主要保的是住院，因为个人账户里头的钱少，所以就算是小感冒也得住了院才能报销。但现在门诊的各种费用开始陆陆续续地纳入报销范围，也就没必要再小病大治了，懂了啵？

懂了啵？

14. 养老金会不会不够用

> 老婆，听说养老金又涨了，现在老年人这么多，会不会不够用啊？

你想多了吧。首先，养老金本身就是一个基金，又不是固定存款，人家收益很高的。且不说各个地方收到的基本养老金有多赚钱，光是作为"后备役"的全国社保，一年就赚了 2000 多亿元[1]，收益率超过 14%。按照现在退休人员两亿左右来算的话，涨个 5% 都没什么问题。而且在 2.4 万亿的盘子下面，再大的空头都是小朋友，所以这一部分的收入本身就很稳定，压根儿不用担心。

其次，咱们国家的优势就在于，很多能源和重工业都是捏在国字头（国企）手里的，只要养老金开始吃紧，这些巨

---

[1] 全国社会保障基金理事会于 2020 年 9 月 11 日发布的《2019 年全国社会保障基金理事会社保基金年度报告》中指出，2019 年，社保基金权益投资收益额为 2917.18 亿元。

无霸企业就有义务从自己的股份里划出一部分来补贴池子。而且这些股份不能出售，会一直留着给你分红。石油、烟草，足够给你花了吧？

最后，很多大家比较羡慕的单位，不但会给员工交基本养老金，还会额外给员工交上一份企业年金（公务员体系中大多采用职业年金，年金系统主要是对基本养老的一种补充）。企业年金大多是交给专业的基金公司打理，收益往往会更高，很多时候会远远超过基本养老金的那一部分，懂了啵？

懂了啵？

15. 竞业协议是怎么回事

趣解名词

> 老婆,今天公司要我签一份竞业协议,会不会有坑啊?

又不是每一份竞业协议都会生效,别想太多啦。

一般来说,竞业协议会包含两个方向的内容:一个是你在做这份工作的时候,不能接和公司业务重合的私活儿;另一个是你离职以后,两年以内不能再干同样的活儿或者自己创业来和老东家抢饭吃。

但是如果想要这份竞业协议真的生效,

那你的老东家还得做两件事：第一件事，就是协议必须约定时限，而且得在你离职两年之内；第二件事，就是他必须写清楚在你离职以后，每个月会补贴你多少钱，这个钱要么是当地最低的工资标准，要么就是你离职前一年收入的三到六成。

如果没有这两条内容，那协议无效，你随便签也没啥问题。

那假如有这两条内容，但是公司没给我打钱呢？

那不管你是没找到工作也好，还是出去度假也罢，只要你不干原来那行的事情，就能要求老东家给你赔偿。如果他想单方解除你的竞业限制的话，也得额外赔你3个月的补偿金。签了它，反而对你有益无害，懂了啵？

懂了啵？

16. 加班加到脑出血，能算工伤吗

> 老婆，我们公司有人加班加到脑出血，这个能算工伤吗？

很难。因为一般只有职业病才能被直接视为工伤。而目前职业病的范围只有 10 类 132 种，其中大部分还都是各种尘肺和中毒类的。像脑出血、肝硬化这种日积月累的毛病，根本就没写到《职业病分类和目录》里头去。

这也就意味着，只有当你的同事在工作时间和工作岗位上，因为突发脑出血猝死了，或者说直接从公司送到医院的 48 小时里没抢救过来，才能被看作工伤，家属也才能领取到因公死亡的补贴和赔偿。

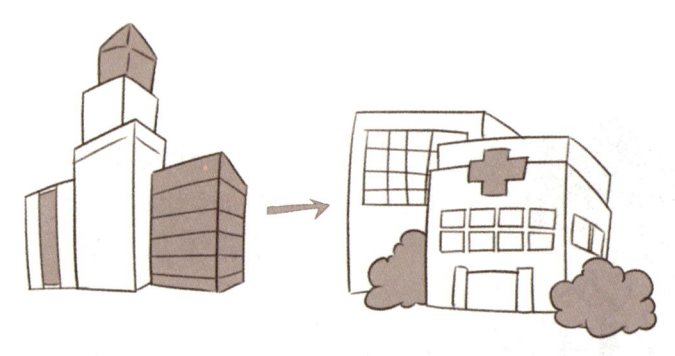

那如果是在家加班的时候，忽然就猝死了呢？

这个就很麻烦了。因为你得证明他之前没有任何疾病史，而且当天下班回家以后，他是在工作中猝死的，否则人力资源和社会保障局很难下《认定工伤决定书》，老板也乐得不贴钱，自然不会主动举证。到时候，家里人只能不停地向上打官司。

所以你永远要记好两句话：第一句是，工作不要带到家里来做；第二句是，只要感觉到不舒服，直接从公司去医院，不要忍、不要回家。毕竟在健康面前，你的那点儿工资，甚至说那份工作，都没什么了不起的，懂了啵？

懂了啵？

17. 为什么有些公司
只肯和员工签劳务合同

> 老婆，为什么有些公司只肯和员工签劳务合同啊？

　　因为如果签的是劳务合同，那公司就不需要帮你交五险一金，也不需要按照当地的最低工资标准来给你算报酬。一旦员工出了事情，老板可以不走工伤程序，他甚至能够按照合同里的条款当场开除你，还不用给出任何经济补偿。

　　那这样打工的太亏了吧！

　　也不一定。只要你能够证明自己

和公司之间是劳动关系，哪怕签的是劳务合同，你也能享受到和正式员工一样的福利待遇。

不过想要证明劳动关系，要有几个前提：一是和你签合同的得是单位组织而不是个人，像家里请保姆就只能是劳务关系；二是你自己的身份、年龄得符合标准，像三方公司的劳务派遣、退休以后继续返聘的老先生和新单位之间也只能算是劳务关系；三是你得服从公司的管理制度，是公司业务运转的一部分，而不是按照结果导向在家里闷头干活儿，若是能有个工牌、考勤记录什么的就更好了。

其实对于很多奔波在一线的外卖小哥和大厂青年来说，他们比任何人都更需要五险一金里的工伤险。这不是哪一种自费的商业保险能够媲美的，懂了啵？

懂了啵？

18. 为什么账面亏损的公司依然有人不断投资

老婆,为什么有的公司账上亏得那么厉害,还有人不断投资啊?

你见过哪个真正的有钱人,一天到晚把现金夹在胳肢窝里的?衡量一家公司的产品受不受欢迎、能不能赚钱的指标,叫作库存周转率。

举个例子,假如我是个做包子的。那从买进面粉、豆沙这种原材料开始,我兜里的钱就都已经变成了库存。直到我把包子全部卖完,这笔钱才能再回到我的兜里。走完这一个流程花掉的时间,就叫作**库存的周转天数**。用 365 天除以它,就是年度存货周转率。

当然,你也可以用一年里出货的总库存去除一下这年出货的平均数量。结果是一样的,都是这批资金一年里循环的次数。

一般来说,库存周转率越高,说明这家公司的产品越受咱老百姓的欢迎。甚至当周转率达到一定量级的时候,这家公司就成了垄断企业,就可以大肆上调价格、提高利润率,毕竟市场已经对它产生了依赖。

不过,过高的库存周转率往往也意味着你的公司太小、缺货风险太高。所以这个数值千万不要比同行高出太多,懂了啵?

懂了啵?

19. 继承公司家产需要注意什么

老婆，假如我是个富二代，那在继承家业的时候，要看哪个指标啊？

资产负债率，这个直接决定了你的游戏是简单模式还是地狱模式。现在做生意和以前不一样了，绝大多数的厂子和公司往往都得在外面欠点儿钱。有的是因为生意不好，但又要和竞争对手烧钱、抢地盘，不得不找银行贷款；有的是生意太好，为了过滤垃圾甲方，先收钱再干活儿（即为预收账款，属于负债类科目）。不过无论是哪种方式，都算在外面欠了债。

而资产负债率，就是拿所有在外面欠的债去除以自己手上所有的钱、车子、房子，也就是资产。这个比率越低，就说明这家公司的外债越少、粮仓越足，你爸妈可以放心大胆地直接把公司交给你去经营，翻车的概率很小。可如果这个比率很高的话，就说明这家公司的还债能力很弱，现在之所以能撑下去，绝大多数是因为老板，也就是你爸妈的面子大。这个时候，你还是在公司里打个下手比较安全。

懂了啵？

20. 开公司的线下办理流程

老婆，假如我要开家公司，得跑哪些地方啊？

其实开公司和生小孩儿差不多。你生个小孩儿，第一件事就是帮他起名字吧？"一蛋"也好，"二狗"也罢，反正一个行业里不重名就行。

想好了名字，你就可以在网上预审，把注册规模、想干什么这些一步步按提示填好以后，公司章程、承诺书这些文件就会自动生成。把它们全部打印出来，再拿好房产证、爹妈身份证这些，就可以去附近一个叫行政审批局的地方办户口了。

快的话八九天，慢的话半个月，营业执照也就能批下来了。去拿的那天，记得带上法人身份证，在审批局指定的地方，领一套"胎毛笔"，也就是五块印章——法人、财务、合同、发票和公章。当场备案，当场生效。

接着，无论生的是儿子还是闺女，你都得帮他们准备彩礼、嫁妆不是？所以第三步，就是去附近银行里开个户，银行的工作人员会到家里来踩个点、拍个照，了解一下基本情况。

最后，你既然有钱进、钱出，当然得交税不是？所以无论是在网上办也好，税务局办也罢，得做个税务登记，这样公司就算正式上道啦，懂了啵？

（注：目前部分地方已推行线上办理，本篇讲述的是传统线下办理流程。）

懂了啵？

21. 股权稀释

老婆，假如合伙人总和我作对，该怎么办啊？

把他的股权给稀释掉呗！一般能参与公司运营的，大多都是普通股。要稀释它，最好的办法就是增发。

举个例子，假如公司原先发行了 1000 万股，而你手上有 600 万股，对方占了 340 万股，其他小股东占了 60 万股。那你就可以用公司扩张、技术研发这类理由增发 500 万股。之后，你可以利用优先认股权拿下其中 150 万股，保证自己的绝对控制权；再让其他小股东拿到 30 万股的新股份。这时候你的对手虽然还有 340 万股，但股权已被稀释到了 23%，再也没有了一票否决的特权（67% 为绝对控制线，能够独立掌握股东大会决议权，直接修改公司章程，直接决定公司是否合并、分立、解散或者变更公司形式等；52% 是相对控制线，在不易被股权稀释的前提下，还能够自由决定人事任免、方针决策等；34% 为一票否决线，在没有特权赋予的前提下，能够一票否决所有提案的权力底线；而 10% 为提出会议权，可以向公司提出质询和清算要求，也可以直接向法院申请解散公司等）。

  绝大多数老板都会在稀释之前找对方聊一聊，争取给一笔钱直接回购掉合伙人手上的股份。毕竟都是昔日的伙伴，没必要做得太绝。

  不过从 2020 年 8 月开始，在深圳开公司的小伙伴可以使用双层股权结构来规避这种风险。也就是同股不同权，把公司的股票分成 A、B 两种类型，拿了 A 类股票的参与公司管理，拿了 B 类股票的只有分红。这么做能够直接从根源上解决问题，懂了啵？

懂了啵？

22. 为什么有的老板
喜欢用公司的名义买车

老婆，为什么有的老板喜欢用公司的名义买车啊？

　　因为可以"打对折"（此处的意思为可以以更低的成本购入车辆，而非一半价格购买）啊。你想想，假如老板要挪公司的钱帮自己买车，一来底下的员工会有意见；二来这个账只能从年底分红里走，那对不起，个税是跑不掉了。一辆80万元的车，要多交16万元左右的个税。

　　但是如果从公司名义上走呢，不但买车的增值税能靠发票冲销掉，而且每年的加油卡、保养费、年检维修这些花头，都可以从企业所得税里合法抵扣掉。反正这些钱本来就是要交上去的，现在能掏回来就等于净赚。所以油也好、保养也好、自

然都不会省着花。

但是……万一公司黄了呢？这车不就充公了？

哪能啊，车子这种东西，买回来就是贬值的。往往十几万元的车，二手的也就两三万元。真到了公司不太行的时候，自己划几条印子，两三折就能把车子过户到自己名下（这种做法不可取，可以被看作是一种对公司资产的破坏）。而且之前用公司的名义买车，每年计提的折旧损耗，全都是顶格来算的（可全额抵扣企税），到最后这跑车能不能比一辆奇瑞贵，还真不好说。懂了啵？

懂了啵？

23. 为什么有的单位喜欢用现金来发工资

老婆，为什么有的单位喜欢用现金来发工资啊？

看你往哪个方向想了。如果往坏的方向想，那公司就是意图不轨、想要逃税。

有些老板不是经常要求员工每个月得提交多少钱的发票才能领全工资吗？他们就是利用发票报销的金额来抵扣你一部分的工资收入。这样既可以少交点儿个税，又可以省点儿社保公积金。有些老板呢，干脆虚报人头，把你的工资给拆成三四份，这样个税就不是少不少交的问题了，而是直接被抹平。

不过这两条路其实都不划算。对于你而言，社保公积金，公司出大头，看上去每个月你确实多拿了一两千元，但实际上，你缺失了公司该帮你交的那一大半。对于老板而言，每个月确实省了个小包包的钱，换回来的却可能是一对银手镯和无穷无尽的罚款。

那往好的方向想呢？

也有可能是你命好啊。摊上了白酒、香烟这种高福利单位，钱实在太多，多到没名头给你们发了，只好裹成部门红包，不过现在一般都会换成购物卡。也有可能是你们领导怕老婆，想留点儿私房钱，所以一半打卡上交，一半藏抽屉当小金库，懂了啵？

懂了啵？

24. 为什么人事每个月都要我交1000元的发票啊

老婆,为什么人事每个月都要我交1000元的发票啊?

你要知道,发票一般是拿来当费用使的。而费用这玩意儿(此处所说的费用,不是会计科目中严列的费用科目,很多机械、楼房都属于成本科目。此处所说的费用,是针对非会计从业人员所说,与"花销"的意思相近)堪称公司万金油,能解决掉很多老板的"难言之隐"。

我给你举个例子,比如现在有些公司要凭发票领工资,它就很可能是把你的收入拆成了好几块,其中和你发票金额对等的那一块,不是按照工资的名目来给你发放的,而是按照打车钱、招待费来给你报销的。这种报销的钱不用交个税,而要交个税的那部分,正好给你控制在了低税率范围之内。所以这样玩,公司等于变相地帮你拉回来好多钱,也相当于用更低的成本把你这个人才给圈住了。

再举个例子,比如现在有些公司很赚钱,年底的时候利润很高,要交很多税。这个时候,它拿着一大笔发票来当费用使,把整个公司的运营成本给抬高。这里头当然有员工加

班回家打车的发票啦,肯定有业务部同事请客户吃饭的发票啦,说不定翻一翻,还能找到老板新车的发票(这里新车的发票,就是被计入会计成本科目之中的。而由此产生的修理费,则是计入费用科目之中的,但是对于非会计从业人员来说,理解即可),这样利润变少,能交上去的钱自然也就变少了。

还有一些会计老师傅惯用的绝招,比如之前用过路费发票来抵扣增值税,这些都算是上不了台面的灰色手法,尽量不要碰。毕竟万一以后查出来了,参与的相关人员都脱不了干系,懂了波?

25. 为什么好多国内公司都有一堆国外的母公司

老婆，为什么好多国内公司都有一堆国外的母公司啊？

这个就叫红筹架构。举个例子，假如楼上老张的儿子来问你借钱，你会借吗？

应该不会吧。

那假如他是你的干儿子呢？国内的很多公司也是这样，为了让外方投资自己，就多开几家当地的公司来当"爸爸"，这样"儿子"赚了钱，投资"爸爸"的外方自然也能吃到肉。

那为什么一家公司要认那么多"爸爸"呢？

因为这些不同地方的"爸爸"，有着不同的用处啊。
比如加勒比海上的维尔京群岛。那儿的审核比较松，不需要你有办公场地，也不需要你实缴资本，不会披露股东信息，从外地过境的钱免收税费。所以注册在那儿的"壳"，一般都是用来走账防查的烟雾弹，里面随便一家的现金流水都能吓死人。

再比如开曼群岛。那儿的审核稍微严一些，但是也因此被外方认可。所以在开曼群岛注册的公司大多是为了在国外上市、割老外的韭菜，缺点就是很难开国内的离岸账户，若是想开，还得再套个维京的公司才行。

最后，外方总不能绕过咱们直接赚钱吧？所以一般认了"洋爸爸"的也得在香港地区注册一家公司，来给咱们内地交点儿回扣（预提所得税）。

这样，一条割洋韭菜的路线就基本架好了，懂了啵？

26. 一家公司里，董事长一定是最牛的吗

> 老婆，一家公司里，董事长一定是最牛的吗？

当然不是。公司里最有权力的，永远都是股东。其他的独立董事也好、董事长也好，都只不过是个升级版的打工人而已。

因为股东们拥有公司，而那些所谓的董事，只要不是由股东兼职的，那就只是个股东安插在公司里的替身而已。一般来说呢，董事可以分成两类：一类叫执行董事，也就是开会的时候帮股东投票，不开会的时候就在公司盯梢，偶尔提提方针建议，按时向股东汇报；一类叫非执行董事，也就是不参加公司运作，偶尔来串个场、开个会，帮自己幕后的大佬们投投票。

而非执行董事里，还能分出所谓的"独立董事"，也就是独立于公司各种利益以外的自由人。但实际上，这些所谓的自由人，也只不过是某些大佬的传话筒而已。

所以，不要把那些××董事长、××独董的头衔看得太重，真正的大佬，更喜欢在名片上印办公室主任，懂了啵？

> 懂了啵？

27. 为什么有钱人喜欢去国外买信托

老婆，为什么那些有钱人喜欢去国外买信托啊？

因为国外的家族信托和国内的信托完全不一样呀。

就好比我和你两个人在国外信托投了1000万元，那这笔钱既不属于你和我，也不属于那个受托人（信托公司），假使我们以后的公司倒闭或者破产、欠债了，信托的这笔钱不会受到任何影响，而且（这笔海外信托）会按照合同继续进行。

假使我们的合同是50年，那50年以后信托公司会连本带利地给我们的孩子，也不用交遗产税，懂了啵？

懂了啵？

28. 慈善公司是靠什么赚钱的

老婆,你说一家做慈善的公司,是靠什么赚钱还能上市的?

给你举个例子,假如我开发了一款大病众筹的软件,用户可以在上面自由地发起众筹,然后把链接推送到朋友圈里面,那它将获得巨大的优质流量。一方面是人性本善,能看到这个信息的都是亲朋好友,能帮肯定会帮。另一方面,在各种图片和文字的轰炸下,你对于生老病死的恐惧感会不断加深。这个时候,假如忽然跳出来一条保险的小广告,还很便宜,你会点开看看吗?

嗯……会。

所以早在 2018 年,某水滴就有超过 85% 的保险订单是

从顶着慈善光环的众筹链接里来的。而那些爱心人士在随后的3年里，通过买保险的方式，分别为这家公司贡献了超过2亿元、15亿元乃至30亿元的营收（2.38亿元、15.11亿元及30.28亿元）。

这种能制造流量再自己消化掉的公司，本身就很受资本青睐。如果它的创始人是从某个资本圈子里出来的，比如搭上了美团系这种大佬级企业资本圈，那简直就是老天爷抢着给它喂饭吃了。

但是这种自产自销的流量模式也有一个致命伤，就是不能轻易上市。因为一旦暴露在真正的市场中，太吃流量的这个优点就容易变成缺点——一个用户能带来十个用户，也可以卷走十个用户。只要外界有了一丁点儿反对的声音，哪怕只是个质疑的帖子，都可能形成燎原大火带来破发之灾。这也就是为什么现在他们要千方百计地摘掉慈善家的帽子，懂了啵？

懂了啵？